U0729152

丝路物语 书系

文物中的秦人故事

田静 张恺 编著

西安出版社

图书在版编目（CIP）数据

文物中的秦人故事 / 田静, 张恺编著. — 西安：
西安出版社, 2023.12

ISBN 978-7-5541-7258-2

Ⅰ.①文… Ⅱ.①田… ②张… Ⅲ.①文物—介绍—
陕西 Ⅳ.①K872.41

中国国家版本馆CIP数据核字(2024)第028047号

文物中的秦人故事
WENWU ZHONG DE QINREN GUSHI

田 静 张 恺 编著

出 版 人：屈炳耀
出版统筹：李宗保　贺勇华
策　　划：张正原
责任编辑：王　娟
特约编辑：韩一婷
责任印制：尹　苗
封面设计：颜　倩
出版发行：西安出版社
社　　址：西安市曲江新区
　　　　　雁南五路1868号影视演艺大厦11层
电　　话：（029）85253740
邮政编码：710061
印　　刷：陕西隆昌印刷有限公司
开　　本：787mm×1092mm　1/16
印　　张：16.5
字　　数：185千字
版　　次：2023年12月第1版
印　　次：2024年5月第1次印刷
书　　号：ISBN 978-7-5541-7258-2
定　　价：78.00元

如有印刷、装订问题，本社负责另换。

序言

百件文物讲述秦史秦文化

秦人的发展史是一部不断斗争与融合的历史。秦人早期游牧于甘肃、陕西一带，后来逐渐向东推移，从甘肃进入陕西，先在陇东一带站稳脚后，又在雍城地区积极备战近三百年，到孝公时任用商鞅变法，积蓄力量，不断壮大，秦王嬴政继承先祖遗训一以贯之，最终灭掉六国，四海归一。

文物传承历史文化，是祖先留下的宝贵遗产。为了展现秦人从地处一隅的小国发展壮大、改革创新直至走向一统天下的历史轨迹，同时分享学界关于秦史、秦文化在政治、经济、军事、科技方面的研究成果，我们选择陕西地区出土的百余件（组）与秦人生产、生活有关的文物，以图文结合的方式予以介绍，并将重点文物拍成短视频，旨在用多种形式讲述文物中的秦人故事。

一、秦襄公时期：进入关中

《史记·秦本纪》记载，秦人祖先是颛顼的后裔，始祖是大业，部族以玄鸟为神灵，擅长调驯鸟兽、养马御车。西周时期的秦在西垂为周王室养马，两周之际进入关中。早在周孝王时期，秦人的祖先在首领非子带领下，居住在西犬丘（西汉水上游，今甘肃礼县一带），过着农业与畜牧业并举的生活。由于非子善于养马，后来被周孝王召至"汧渭之会"（今陕西宝鸡市区东），专门为周王室养马。因养马技术好，马匹品种优良、繁殖力强，受到周王室的重视，秦的地位和作用日益凸显。后来，周孝王封非子为附庸，并准许他们在秦（今甘肃清水秦亭附近）修筑城邑，"使复续嬴氏祀"。从此，"秦"成为他们的正式名称，秦嬴真正登上了历史舞台。

西周中期，秦人因为周室养马有功始被封为附庸于秦，西周晚期在为周伐戎的过程中逐渐崛起，其首领成为西垂大夫，最后在春秋初年被封为诸侯，名义上拥有"岐西之地"（今关中西部以西至陇东南），政治中心也从陇东南东迁到关中一带。学界认为"秦人"的形成，就是从西周中期被封于秦开始，起初是以嬴秦宗族为核心，融汇了西北地区的西戎、周余民等族群逐步形成的。

秦襄公是一位有作为的君主，因率兵救周并护送周平王东迁有功而被封诸侯，周平王将"岐（今陕西宝鸡岐山）以西之地"赐给秦国，并准许秦与其他诸侯"通聘享之礼"。公元前770年，秦襄公立国，最终使秦这个地处西垂、不足百里的附庸小国，上升为可与中原齐、晋等强国平起平坐的一方诸侯国，秦由附庸时代进入封国时代。

秦襄公在位时间虽然不长，但他的雄才大略及其开创的基业，为秦国社会发展和强盛奠定了基础。秦襄公之后的几代秦君，立志要真正拥有周王室赐予的土地，于是与戎族各部展开了争夺生存空间的长期战争。

渭河发源于甘肃，流经陕西，因而甘、陕两地的文化也沿着渭河的走向得以衍生、交融、发展和繁荣。两千多年前，秦人从甘肃进入关中，积蓄力量，不断壮大，最终在陕西实现了统一六国的梦想；两千年后的今天，甘肃和陕西两省组成联合考古队，探寻秦人发展历程中的每一个脚印，在考古调查、遗址发掘研究方面揭示秦人从创业西陲到称霸西戎的经过，发表考古简报和研究论著，举办学术会议和文物展览，丰富了我们对早期秦人历史的认识。

二、秦文公时期：汧渭之会

秦襄公之后，秦文公继续带领秦人向西戎发起进攻。随着实力不断增强，秦国收复了"岐以西之地"，在渭河上游设县，加强对邽、冀之戎属地的管理，基本控制了西戎各部族。公元前763年，已经继位三年的秦文公率领700人进行了长达数月的"东猎"。公元前762年，秦文公到达汧水和渭水汇合的地方汧渭之会，并在此建都，定居下来。

如果说西汉水流域是秦人发展的摇篮，那么汧水和雍水流域则是孕育秦人崛起的重要基地。此时，秦人已经越过陇山，沿着汧河进入关中，脚踏实地，步步为营，用实际行动争取周天子许给他们的空头承诺"岐以西之地"。

汧水是渭河的支流，也是秦人进入关中的重要通道。汧水从甘肃华亭进入陕西陇县，流经千阳、凤翔、陈仓，最终汇入渭河。秦人依托汧水流域，伴随着"王于兴师，修我戈矛"的嘹亮歌声，在与戎狄的作战中，不断取得胜利，壮大势力，沿着汧河进入关中。

周王室东迁洛邑后，陇县一度成为秦人居关中的首善之区。《帝王世纪》中"秦襄公二年徙都汧"的记录，已经被磨儿塬城址、边家庄贵族墓地和大量青铜器、陶器、玉石器等出土文物所证实。在陇县店子秦墓地发掘的 200 多座墓葬，也证实了汧邑（今陇县）在秦早期历史中的重要地位，特别是墓葬中批量出土的戈、矛、剑、镞等兵器，说明汧邑曾是秦人向东发展、经略关中的战略基地，也是联结西犬丘、秦邑等陇右故地的军事据点。

近年考古调查表明，在汧河流域分布着大量的秦人遗址和墓葬。学者认为，陕西陇县边家庄墓地和磨儿塬等地就是秦人最初进入关中的"汧邑"，为都 13 年。凤翔的孙家南头、陈仓的魏家崖就是秦文公养马大息的"汧渭之会"，为都 49 年。陈仓的宁王村就是秦宪公居住的"平阳"，为都 37 年。

穿越历史时空，追忆秦人的峥嵘岁月，我们从《诗经·秦风·驷驖》的诗句"驷驖孔阜，六辔在手"中可以遥想秦襄公、秦文公驾驭战车、带领士卒，一路从容自信挺进关中的情景。秦人靠着英勇善战和顺势而为的锐气，借助马蹄飞奔和天时地利，在辗转迁徙中得到拓展，使秦国从小到大，从弱到强，从强到盛。

这一时期在陕西出土的文物有青铜器和彩绘陶器，主要有陇县博物馆收藏的青铜鼎、青铜盉、青铜扁壶、青铜节约、青铜盘、青铜镳、青铜泡、青铜车辖軎、青铜鱼、彩绘陶壶、彩绘陶牛、彩绘陶仓、彩绘陶鸟、陶磬、陶珠、木俑，陕西省考古研究院收藏的青铜鼎、青铜簋、青铜甗、青铜匜、长颈壶、错金银蟠螭纹提梁壶及各类云纹瓦当、夔纹半瓦当等。本书介绍陕西省考古研究院收藏的青铜甗，陈仓区博物馆收藏的青铜壶，陇县博物馆收藏的彩绘陶兽、彩绘陶簋、凤鸟纹铜盉，眉县博物馆收藏的云纹瓦当，宝鸡先秦陵园博物馆收藏的彩绘陶簋等文物。

三、秦宪公、秦武公时期：迁都平阳

秦文公在位50年，因儿子先他去世，只能由孙子秦宪公继位。公元前715年，秦文公之孙秦宪公继位。公元前714年，秦宪公基于向东扩张的既定国策，将都城由汧渭之会迁往平阳（今陕西宝鸡陈仓阳平），使都城距离与戎人争夺疆土的前线更近，这标志着秦人由战略防御转入战略进攻。公元前713年，秦发兵进攻荡社（今陕西兴平）得胜，迫使亳戎（西戎的一支）首领逃亡。此次胜利，秦国的势力范围向东扩展了一大步。

经过宪公10余年征战，秦国的东界从岐山一带推进到丰镐一带，渭河平原的三分之二被秦人占领。可惜秦宪公英年早逝。公元前697年，秦武公继位。随后，秦武公先后在边地设置冀县、邽县、杜县和郑县等，加强对国土的控制，使秦国势力达到关中渭水流域，秦国至此终于统一了关中地区。秦宪公、秦武公在平阳30多年，呕心沥血，前仆后继，加快了东进的步伐。

西周末年，周幽王因宠爱褒姒而荒淫无度，引起众怒，加之幽王又废了太子申，促成西戎和申侯联合起来，将幽王杀死在骊山脚下。这时多数诸侯或叛乱或叛逃，只有秦襄公不但"将兵救周战其有功"，而且还一路护送周平王"东徙雒邑（今洛阳）"以避犬戎之难。这一行为感动了周平王，为了表彰秦襄公的功绩，周平王封襄公为诸侯，并把"岐以西之地"赐给秦国。西高泉村就属于"岐以西之地"，后来，秦宪公在该地附近建立了平阳都邑。

渭水北岸第一台地西起宝鸡陈仓虢镇，东到陈仓宁王村一带，东西长约15公里，南北宽1公里，考古工作者在此台地上发现了丰富的春秋、战国及秦时期的遗迹遗物，结合历史文献和考古资料推测，该地可能是秦平阳故址。1978年，在宝鸡（今陈仓）太公庙村一处窖藏中发现青铜乐器秦公钟5件、秦公镈3件，这些乐器应该就是秦武公生前的器物。

秦武公时期，秦国强劲东进。西起甘肃中部，东到华山一线，横穿整个关中的渭水流域基本上被秦国控制。考古发现表明，西高泉村一带秦墓的时代在春秋早期，而且多属于秦贵族。这座墓随葬器物中的车马器与兵器，足以证明这是地位比较显赫的一位秦人武将。这位武将可能就是跟随秦襄公护送周王室"东徙雒邑"的有功之臣，为了表彰其功绩，身为周王室太宰官位的珦生家族，便将一件壶赠送给这位功臣。其死后，便将周王室的赠送之物随葬。因此，西高泉村的秦墓，就成为研究周秦关系的重要史料。西高泉墓地距太公庙仅1公里，属于平阳范围之内。墓地发掘的意义在于该地被定性为文公返秦后、德公迁雍前秦人自西向东迁徙的过渡地。

这一时期平阳地区出土的文物有青铜鼎、青铜簋、青铜甬钟、虎纹柄剑、青铜戈、鳞纹鱼饰，均收藏于陈仓区博物馆。本书重点介绍宝鸡青铜器博物院收藏的秦公钟和秦公镈等文物。

四、秦穆公时期：称霸西戎

从公元前659年到公元前621年，是秦国第十五代国君秦穆公执政时间。穆公重视人才，广纳贤士，大胆任用非秦国的人才由余、百里奚、蹇叔、丕豹、公孙枝、孟明视等人，在讨伐西戎之战中取得了重大胜利，之后开疆拓土，加速了民族融合，为日后统一奠定了基础。此外，秦在与其他诸侯国特别是晋国的数次角逐中，秦穆公都显现出向东扩张的野心。

早期秦人与西戎各族杂居相处，因此秦国边境常常受其侵扰。公元前623年，秦国东进战争取得了一系列胜利，从而将其领地扩展到黄河西岸后，成功实施离间计，大破西戎。从此，从陕、晋交界处的黄河到渭河源头的区域，都被秦国所控制，形成了"开地千里，遂霸西戎"的局面。

秦与晋的关系非常复杂，或互相联姻，或大打出手，或互相干涉内政。秦穆公在位期间，也是晋献公在位时期，秦、晋两国通过联姻基本保持友好往来，也就是秦晋之好。

晋献公死后，晋国内乱。通过秦穆公扶持得以继位的晋惠公在回到晋国之后，立刻违背约定，给了穆公插手晋国事务充分的理由。公元前 645 年，秦国虽在韩原大战中获胜，但此时仍然无力消灭晋国，便与晋国和好。之后，秦穆公帮助晋文公重耳夺取君位。随着晋国势力的逐渐强大，秦国无法干预晋国事务，只能与晋联合，共同对付南方的强国楚国。

晋文公死后，秦、晋之间相继爆发了殽之战、彭衙之战、王官之战、令狐之战，双方各有胜负，实力此消彼长，但春秋时期秦晋关系的总体格局并未发生重大改变。

公元前 620 年，晋襄公亡，晋国卿士、大夫多主张废黜年幼的太子夷皋另择新君。当时，晋襄公庶弟公子雍在秦为质。晋卿赵盾遂命大夫赴秦迎立公子雍。后因晋襄公夫人一再请求，赵盾等改变初衷，于公元前 619 年拥立夷皋为君，夷皋就是晋灵公。此时，秦康公还不知晋国已经另立新君，于是派兵护送公子雍返晋。赵盾听说后，立刻率军拦截，行进到堇朋（今山西临猗东），对秦军发起突袭。秦军毫无准备，大败而归。

公元前 578 年，秦晋再次爆发战争，以晋国为首的晋、齐、宋、卫、鲁、郑、曹、邾、滕等九国联军在秦地麻隧（今陕西泾阳北）与秦国展开激战，秦军大败。麻隧之战的失败，使秦国数世不振，不再对晋国西部构成威胁。

春秋时期，秦国成为周都以西实力强盛的诸侯国，特别是秦穆公时期，在西戎谋士由余帮助下，逐渐征服西戎诸国，开疆拓土，形成了对西戎的军事优势。此时与秦国争斗了数百年的西戎土著，一部分南迁，一部分东迁，其余的戎人则臣服于秦，与秦人不断融合。

秦穆公是春秋五霸之一，是第一个抱定东进拓土、称霸中原决心的人。

此后的数代秦国君主，始终继承穆公的遗志，为秦国的日益壮大打下了坚实基础。

五、秦景公时期：定都雍城

秦德公初年，迁都于雍（今陕西凤翔），开始在此建筑规模恢宏的城邑和宫殿。此后数百年间，该地始终是秦国的政治中心。

自秦国建立，定都西犬丘，到秦王嬴政在咸阳称帝的 500 多年间，秦国逐步向东迁移，先后有 9 个都城，即西犬丘（西垂）、秦邑、汧邑、汧渭之会、平阳、雍城、泾阳、栎阳、咸阳，史称"九都八迁"，其中雍城是秦国建置时间最长的都城。

秦都雍城遗址位于陕西凤翔，是秦国发展史上的一个里程碑，为秦国实现"后子孙饮马于河"的梦想打下了坚实基础。自 20 世纪 30 年代开始，文物工作者便开始在雍城一带进行考古调查发掘工作，经过 90 余年探索，秦都雍城的神秘面纱逐渐被揭开。雍城遗址由城址、秦公陵园、国人墓葬区、汧河流域早期秦文化遗址、郊外秦汉行宫建筑遗址组成。

1976 年，考古工作者对凤翔南指挥村一号大墓进行发掘。该墓是整个秦公陵园中最早发现的最大墓葬，故称秦公一号大墓。大墓平面呈"中"字形，面积 5334 平方米，有东西墓道和墓室。墓内有 186 具殉人，是中国目前自西周以来发现殉人最多的墓葬。椁室中有东周时期葬具等级最高的"黄肠题凑"，椁室两壁外侧有目前中国墓葬史上最早的墓碑实物，特别是墓中出土的石磬，刻有籀文 180 多字，是中国迄今发现最早的刻有铭文的石磬。根据石磬上的文字推断，墓主就是秦景公。椁室内的柏木椁具"黄肠题凑"由柏木枋垒砌而成，其间有门相通。主椁室中部的地下还有一个 60 厘米见方的腰坑，内有小动物骨骼。主椁长 14.4 米，宽、高均为 5.6 米，四壁及椁底均为双层柏木枋，椁盖则是三层，中部有一道单层枋木垒砌的隔墙，将主椁分为前后两室。椁室周围和上方填有木炭，外围再填青膏泥，可以防止水分和氧气进入。椁木至今保存完好。

这一时期在陕西出土的文物较多，有陕西省考古研究院收藏的凤鸟纹贴面砖、玉璋、玉璜等，宝鸡先秦陵园博物馆收藏的黄肠题凑棺木，凤翔区博物馆收藏的建筑材料板瓦、筒瓦、动物纹瓦当等。本书介绍宝鸡先秦陵园博物馆收藏的景公墓石磬，秦始皇帝陵博物院收藏的灯笼形玉佩，凤翔区博物馆收藏的镶嵌射宴狩猎纹壶、凤鸟衔环熏炉、鹿纹瓦当、青铜建筑构件，宝鸡市考古研究所收藏的金柄铁剑等文物。

六、秦孝公时期：变法图强

秦孝公继位后，在献公改革的基础上，为了增强秦国的军事实力，颁布求贤令，广招天下志士，任用商鞅变法，内务耕稼，富国强兵，使秦国迅速崛起，进一步推动了自穆公以来秦国的发展壮大。

战国初期，铁质农具的广泛使用和牛耕的逐步推广，使土地国有制逐步被土地私有制所取代，也促使各国掀起了风起云涌的变法活动。在变法过程中，只有秦国的变法最彻底。公元前 356 年和公元前 350 年，秦国先后两次实行以"废井田，开阡陌"、推行郡县制、奖励耕织和军功、实行连坐法等为主要内容的变法活动。经过商鞅变法，秦国的旧制度被彻底废除，经济得到了发展，逐渐成为战国七雄中实力最强的国家，这也为秦国的后续发展奠定了坚实的基础。

公元前 350 年，秦迁都咸阳（今陕西咸阳窑店东），占据战略要地，距其实现东进的目标又前进了一大步。秦咸阳城是全国实施郡县制、统一度量衡、建立礼仪制度等一系列措施的政令中心，因此成为全国的政治、经济、文化中心。

1961 年以来，文物工作者在咸阳持续进行考古调查，出版了相关考古简报和研究论著，从中可知，秦都咸阳规划宏伟，城内宫殿建筑群气势恢宏，其高台建筑遗址、各类建筑构件、排水系统遗迹等，是展现秦代建筑特征及技术水平的珍贵物证。

据《史记·秦始皇本纪》记载，秦国每攻破一个诸侯国，就会在咸阳北阪上，仿造该国宫殿。因为六国灭亡的时间不同，所以六国宫室建造的时间和地点也不同。经勘查，仿六国宫室遗址位于渭城窑店北的头道原上。在毛王沟附近宫殿建筑遗址曾出土楚国形制的瓦当，在柏家嘴曾出土燕国形制的瓦当，在怡魏村曾出土齐国形制的瓦当。这些发现为寻找六国宫室的具体位置提供了有价值的线索，相信通过进一步的考古发掘与研究工作，有望为对比分析战国时期不同地区的建筑技术和瓦当艺术提供物证资料。

秦咸阳宫遗址出土大量空心砖，包嵌在台阶表面作为踏步使用，也用来装饰墙面重要的位置，给人以庄严、肃穆、大气的感觉。瓦当早在商周时期已经出现，在秦咸阳宫遗址内出土的瓦当绝大多数为饰有云纹、植物纹、动物纹的圆瓦当，其中云纹瓦当分为四个区间，每一个区间都类似扇面的形状，内部装饰有云纹或变形云纹，数量占总数的百分之九十以上。

秦咸阳城遗址留存了丰富的战国晚期至秦的遗迹、遗物，除宫殿遗址，还包括各等级的手工业区、工商业区、水利工程、府库、墓葬及其相关遗物，全面反映了秦统一全国前后的社会结构、礼仪制度、生产生活方式等方面的状况。秦咸阳城遗址出土的金银器、铜器、陶器、建筑构件上的造型纹样具有独特的艺术性，纹样线条偏疏朗，几何感强，动物造型生动，具有较高的艺术价值。遗址内出土大量壁画残片，色彩多样，以黑色占比最大，符合秦人崇尚黑色的传统。壁画题材丰富，有建筑、车马、人物、游猎、鸟兽、植物、鬼怪等，其中车马出行图每组为四马一车，系驾的方式与秦始皇陵兵马俑坑出土的车马相似。秦咸阳宫壁画是迄今仅见的秦代绘画原作，也是迄今所见最早的宫廷壁画。

秦咸阳城从初建、扩建，到繁荣的历程，不仅是我国悠久历史和灿烂文化的重要华章，更是中华民族走向统一的重要里程碑，展示了秦都咸阳布局规整、丰富厚重的历史文化底蕴。1988 年 1 月，秦咸阳城遗址被列为全国重点文物保护单位。

这一时期文物多来自秦都咸阳考古出土物，有咸阳宫遗址博物馆收藏的龙纹空心砖、水神骑凤纹空心砖、云纹瓦当、几何纹铺地砖，咸阳博物院收藏的龙凤玉佩、带拐头陶水管、五角形水管道。本书介绍咸阳市文物考古研究所收藏的商鞅镦和商鞅镦、陕西师范大学博物馆收藏的秦封宗邑瓦书、陕西省考古研究院收藏的车马出行图壁画、咸阳博物院藏的龙钮镦于、蟠螭纹铜镜等文物。

七、秦惠文王时期：合纵连横

秦惠文王是秦孝公之子。公元前 325 年改"公"称"王"，次年改元为更元元年，成为秦国第一王。惠文王继续孝公的改革之路，秦国日益富强，大批有志之士齐聚秦国，为强秦出谋划策。惠文王听取张仪"连横"的建议，大破六国的"合纵"之法，迅速提升了秦国的军事实力。

公元前 316 年，巴蜀归秦。郡守张若治蜀的 40 年间，富庶的蜀地为秦统一六国奠定了雄厚的物质基础。这一时期发生的重要事件是"合纵"抗强秦和"连横"破六国。

"合纵"抗强秦：战国时期，齐、楚、燕、韩、赵、魏、秦七雄并立。到战国中期，齐、秦两个国家最强大，呈东西对峙之势，他们互相争取盟国以击败对方。其他五国也不甘示弱，与齐、秦两国时而对抗，时而联合。大国之间的冲突日益加剧，外交活动也更为频繁，出现了"合纵"和"连横"的斗争。秦国国力不断增强，对东方六国构成威胁。于是，在苏秦的倡导下，"合力抗秦"成为六国的共同目标。公元前 318 年，魏、赵、韩、燕、楚五国联合攻秦，秦惠文王派庶长樗里疾破魏、赵、韩军于修鱼，斩首八万，暂时挡住了联军的进攻。但西边的义渠又发兵袭破秦军于李帛。在东西夹攻之下，秦惠文王及时改变战略，于公元前 316 年，用司马错之策攻蜀，破蜀军于葭萌关，灭蜀。公元前 313 年，派遣张仪赴楚行反间计，先诱使楚国与齐国绝交，后设计激怒楚怀王，诱使楚国冒险出兵攻秦，使秦军在丹阳（今陕西、河南二省间丹江以北地区）大败楚军，得楚地汉中，解除了楚国对秦国本土和巴蜀的威胁。这样，秦国的关中、汉中、巴蜀连成一片，秦国对六国形成了居高临下的压迫态势。

"连横"破六国：不断强大的秦国已成为东方六国的众矢之的，齐、楚、燕、韩、赵、魏六国合力抗秦，以抑制秦国势力的发展。秦惠王在张仪的建议下，分别与六国联盟，离间其合纵关系。秦国的"连横"活动破坏了六国的"合纵"，实现了分化瓦解、各个击破的目的，打退了六国进攻，取得了政治外交上的胜利，使秦国在崛起之路上向前迈进了一大步。

义渠是匈奴的一个分支，是当时秦国在西北部最强大的一个少数民族政权。义渠占有今天的陕西北部、甘肃中北部和宁夏等地。义渠凭借骑兵特有的机动性对秦国的边境进行劫掠，甚至曾经侵入秦国的洛河流域。正是义渠的巨大危害性和破坏性，才使公孙衍能够说动秦惠王暂停攻魏而转为攻义渠。秦国对付义渠这些游牧民族的办法主要是"烧荒"，很有效果。游牧民族不敢靠近牧草被烧光的秦国边境，以避免大批马牛羊被饿死。公元前 331 年，义渠发生内乱，秦派庶长操趁其自相残杀，平定了义渠。义渠的力量遭到了很大的削弱。公元前 327 年，秦国在义渠设县，义渠称臣。公元前 315 年，秦伐取义渠二十五城。秦国在西北地区占有了大片的优良牧场。

惠文王北并上郡，南兼汉中，西举巴蜀，东割诸侯膏腴之地，军事制造业也因此大兴，为问鼎中原扫清了前进的障碍。

八、秦昭襄王时期：远交近攻

秦昭襄王在执政的 56 年间，与齐、楚、燕、韩、赵、魏六国展开了数十年的领土争夺战，七国势力此消彼长。当时，谁拥有最强有力的军事实力，谁便可以赢得天下。秦昭襄王任用白起等名将，使秦在争霸战争中始终处于优势地位。又重用范雎，将"远交近攻"作为一统天下的总方针，对与秦接邻的韩、魏等国采取军事行动，是为"近攻"，可使"尺寸之地皆入于秦"。对齐、燕、赵、楚采取安抚拉拢的策略，是为"远交"，用重金和军事压力迫使他们保持中立，不发兵救援韩、魏，如此便可使韩、魏等国的土地与秦的本土连成一片，此举大大加快了秦统一六国的步伐。公元前266年，秦国开始了向东的征伐。昭襄王时期成为秦国发展史上最重要的决胜时期，秦统一六国势不可挡。这一时期重要事件有魏冉专权和宣太后摄政。

魏冉专权：魏冉是战国时期秦国大臣，宣太后同母异父的长弟，秦昭襄王的舅舅。秦惠文王时期，魏冉便任要职。秦武王死后，魏冉凭借自己的实力拥立秦昭襄王，并助其清除对手，首立奇功。之后，魏冉利用这种特殊关系在秦国独揽大权，四次担任秦相，党羽众多，并深受宣太后宠信。战绩卓著的魏冉权势赫赫，对秦王政权构成严重威胁。公元前266年，魏冉被罢免，迁到关外封邑，由范雎代相，最后"身折势夺而以忧死"，卒于陶邑。

宣太后摄政：宣太后是秦昭襄王的母亲，芈姓。她只是秦惠文王的一位八子（贵妾中的一个等级），人称"芈八子"，并非嫡妻。魏冉辅佐昭襄王即位后，芈八子被尊为宣太后并摄政，时间长达36年。惠文王的嫡妻王后和武王的嫡妻王后不满宣太后专制，于公元前305年参与诸公子的谋叛，结果惠文王王后被杀，武王王后出逃魏国。

宣太后专制期间，秦国多次对外用兵，扩张领地，成为当时的大国和强国。公元前271年，昭襄王听取范雎意见，夺取宣太后的权力，罢免了魏冉的职务。宣太后专制遂告结束。

这一时期重要文物有宝鸡青铜器博物院收藏的错金银壶，咸阳博物院收藏的"二年寺工"壶，西安博物院收藏的"廿三年得工"铋冒。本书介绍咸阳市文物考古研究所收藏的彩绘骑马俑、咸阳博物院收藏的错金银铜鼎、铜力士头像，秦始皇帝陵博物院收藏的"八年相邦薛君"漆豆等文物。

九、秦始皇时期：六王毕，四海一

秦始皇统一六国后，建立了中国历史上第一个多民族统一的中央集权制国家，定都陕西咸阳。秦王朝建立后，在全国范围内推行"书同文，车同轨，行同伦"

等一系列巩固统一的政策。具体有统一货币，全国统一使用圆形方孔的秦半两钱；颁布诏书，统一度量衡；统一文字，规定小篆为统一字体，通行全国；修筑驰道、新道和直道，将全国道路建成以咸阳为中心向四周辐射的交通网络系统，保证了上述统一政策通达全国各地。同时，北伐匈奴，南征百越，开拓版图，建造陵墓，留下了众多有影响的遗址和文物。

秦王朝建立前夕，开始强大起来的匈奴在南至阴山、北到贝加尔湖的广大蒙古高原地区盘踞、挑衅，对中原王朝构成了严重威胁。在向南发兵的同时，秦始皇派大将蒙恬率30万大军北伐匈奴。公元前215年，蒙恬一举收复了被匈奴占领的河套地区。同年，秦王朝在战国时期各诸侯国所修筑城墙的基础上，建造了西起临洮、东到辽东的万里长城。

公元前214年，秦军越过黄河，夺取了被匈奴控制的高阙、阴山等地。在收复的河套以北、阴山一带，秦王朝设置了44个县，并重置九原郡。公元前211年，秦从内地迁3万户到北河、榆中一带屯垦。这次大规模移民，阻止了匈奴对秦王朝的军事侵扰，有利于边境开发和民族融合。

秦始皇陵1961年被国务院公布为全国重点文物保护单位，此后，文物工作者在陵园内调查勘探了数百万平方米的遗址，出土了大量珍贵文物，特别是1974年秦兵马俑的发掘出土，震惊中外。随后，秦始皇陵园考古出土了铜车马、百戏俑、文官俑、石铠甲、青铜大鼎、铜水禽等。这些珍贵文物具有文化价值和观赏价值，多次参与在海内外举办的专题展，受到关注和好评。

这一时期出土文物有宝鸡青铜器博物院收藏的"二十六年"戈，西安博物院收藏的"铜鞮"戈，陕西省考古研究院收藏的半两钱模，西安碑林博物馆收藏的峄山刻石拓片等。本书介绍陕西历史博物馆收藏的杜虎符，陕西省考古研究院和富平县文管会收藏的秦诏版、秦二世诏版，秦始皇帝陵博物院收藏的两诏文铜权、夔纹半瓦当、乐府钟、青铜水禽、乐舞俑、跽坐俑、秦陵铜车马及秦兵马俑、铜兵器等，西安中国书法艺术博物馆收藏的"麋圈"封泥、"右丞相印"封泥等文物。

秦人从一个远在华夏边缘的周王朝的附庸国发展到诸侯国，最后完成统一大业的过程，既反映了秦人和秦族的历史发展进程，也是中华文明发展进程的缩影。最初秦的政治地位不高，秦非子是周王朝附庸，秦仲为周大夫。周衰秦兴，襄公始封侯，穆公称霸，惠文称王，合纵连横而战胜天下，最终秦始皇称帝。

　　秦王朝虽然二世而亡，但秦自建国以来五百多年的历史遗产极为丰富，影响深远，后世的各种制度，如官僚制、郡县制、军功爵制、宗教、文字、度量衡、法律等，都有秦制的烙印。"九都八迁"是秦人东进的过程，在陕西宝鸡、平阳、凤翔、泾阳、临潼、咸阳等地考古工作中，有大量的遗迹和遗物可为佐证。我们跟随秦人脚步，寻找陕西各地出土和收藏的珍贵文物，汇集陇县博物馆、眉县博物馆、陈仓区博物馆、宝鸡青铜器博物院、凤翔区博物馆、宝鸡先秦陵园博物馆、宝鸡市考古研究所、咸阳博物院、咸阳市文物考古研究所、秦咸阳宫遗址博物馆、秦始皇帝陵博物院、陕西省考古研究院、陕西历史博物馆、陕西师范大学博物馆、西安中国书法艺术博物馆、富平县文管会等文博单位收藏的百余件文物，反映秦人从陇东地区进入关中地区后，在战斗中生存、崛起、改革、发展的历程，展示秦文化的丰富内涵和最新考古研究成果，用文物讲好中国故事，传播好中国声音，进一步提升中华文化影响力。

　　中华优秀传统文化代代相传，表现出韧性、耐心、定力，是中华民族精神的一部分。陕西地区出土的秦文物，反映了秦人数百年艰苦奋斗、励精图治、不断发展壮大的历史。我们选择百余件秦文物，用文字、图片和视频相结合的方式，讲述文物的历史、科学、艺术、审美价值，感受秦人的奋斗精神、创新精神、工匠精神，旨在传承中华优秀传统文化，汲取精神滋养，增强文化自信。

目录

一 青铜甗

承袭周器样式的炊具

甗最早出现于新石器时代龙山文化时期，早期多为陶质，到商周时期作为礼器流行，并与鼎、簋、盘等组合为成套的随葬品。

　　甗（yǎn）是由甑（zèng）和鬲（lì）组合而成的，其形状和作用类似今天带箅（bì）子的蒸锅。上部是甑，甑的底部有镂空的箅子，加热后，水蒸气通过箅子上的孔上升，从而蒸熟食物。下部是鬲，鬲的足部中空，用于煮水。四足之间可以点火，用于加热鬲中的水。

　　这两件甗均为方形，甑的口部外撇，方形唇，深腹。鬲为直口，方形唇，斜折沿，圆肩，鼓腹，连裆，四蹄形足。第一件甗是由甑、鬲连体而成，外附两方耳，甑与鬲的连接处凸出一周方棱。鬲束颈。甑体以蟠虺纹装饰，出土时器内残留兽骨。第二件甗的甑与鬲分体，外附两直耳，耳外饰重环纹，甑上下饰蟠虺纹，中间饰蟠螭纹，鬲的肩腹部以蟠螭纹装饰。

甗一　　　　　　　　　　　　甗二

青铜甗

出土于宝鸡凤翔孙家南头秦人墓地

甗一高0.297米，甑口径0.198米，鬲口径0.123米，出土于M160

甗二高0.35米，甑口径0.26米，鬲口径0.174米，出土于M191

现藏陕西省考古研究院

甗最早出现于新石器时代龙山文化时期，早期多为陶质，到商周时期作为礼器流行，出现了仿制礼器的青铜甗，并与鼎、簋（guǐ）、盘等组合为成套的随葬品。甗的出现说明当时人们已经掌握了用水蒸气将食物做熟的方法，这就是蒸。蒸在当时是比较先进的烹饪方式，甗就是实现这种烹饪方式的最好工具。蒸具与水隔开，由于食物与沸腾的水保持一定距离，从而保留食物中的营养成分。

　　两件青铜甗的出土地孙家南头位于凤翔城西的千河东岸。该墓地是继陇县边家庄和店子村之后，在千河沿岸发掘的又一处春秋初期规模较大的秦人墓地。这里地势平坦，土壤肥沃，优越的地理位置和自然环境滋养了丰富多彩的秦文化。

　　在凤翔距离孙家南头不远处的高王寺秦人窖藏中，出土了一件战国时期圆形三足蟠螭纹青铜甗。这件青铜甗在甑和鬲之间套有一个圆形垫盘，目的是防止烧开的水溢出来将火浇灭。

　　综合分析，凤翔孙家南头出土的青铜甗，时代为春秋初期，形制、纹饰虽承袭周秦式样，但铸造精美的程度却与周器有较大差距，这反映了秦立国之初国力不强，青铜冶铸技术并不发达。

孙家南头 M160 出土青铜甗墨线图

高王寺出土青铜甗

二 青铜壶

时代最早的秦国青铜器

这件青铜壶制作规整，纹饰精美，是迄今发现时代最早的秦国青铜器，反映了秦人在定都雍城之前的物质文化和生活习俗。

这件青铜壶为鼓腹，长颈，圆体，直口，方唇，斜肩，矮圈足外侈。颈部两侧有一对兽耳衔环，颈部上侧饰一周三角形夔（kuí）纹，下侧饰两组相背回首的凤鸟纹，以云雷纹为底，腹部上下各饰一周重环纹，上部纹间的四个三角形凸起与下部纹间的四个正方形凸起相呼应，中间用重环纹相连。足部饰斜三角形夔纹。

夔纹是商周时期青铜器上常见的一种爬行动物纹饰，其主要形态特点是大口、卷唇、无角、一足、卷尾，并以两两相对的形式同时出现在同一器物上。有些器物上的夔纹已演变为几何图形化的装饰。对夔的描述最早出现于战国时期成书的《山海经·大荒东经》，书中说："东海中有流坡山，入海七千里。其上有兽，状如牛，苍身而无角，一足，出入水则必有风雨，其光如日月，其声如雷，其名曰'夔'。"东汉许慎在《说文解字》中说："夔，神魅也，如龙一足。"就是说夔"如龙"，很像龙，但并不是龙。

青铜壶

1977年5月出土于宝鸡陈仓杨家沟乡西高泉村春秋秦墓
高0.357米，口径0.118米，腹最大径0.24米，圈足径0.199米，腹深0.298米
现藏陈仓区博物馆

青铜壶局部

　　这件青铜壶制作规整，纹饰精美，是迄今发现时代最早的秦国青铜器，在西高泉村三座秦墓中共出土铜器 22 件，陶器 33 件，反映了秦人在定都雍城之前的物质文化和生活习俗。

　　文献记载，秦宪公、武公迁平阳，葬平阳。平阳是凤翔原下的平地，既平且阳。该地是春秋时期墓葬较为集中的地区。西高泉墓地距太公庙仅一公里，属于平阳范围之内，这件青铜壶的出土地正是秦武公大墓所在之地，大墓陪葬有车马坑和乐器坑。1978 年在太公庙乐器坑出土了秦公钟和秦公镈。

　　西高泉村春秋秦墓地发掘的意义在于该地被定性为文公返秦后、德公迁雍前秦人自西向东迁徙的过渡地。

凤鸟纹铜盉

这件凤鸟纹铜盉为春秋时期文物。凤鸟形盖，圆角方形扁体，小口，前有曲管状兽头流，后有兽头状鋬，流与鋬均分铸后装配于腹部，鋬的下端与腹部相连。

　　盉（hé）是中国古代盛酒器，是古人调和酒、水的器具，用水来调和酒味的浓淡。历年在陕西地区墓葬中出土的盉，形状较多，一般是圆口，深腹，有盖，前有流，后有鋬，下有三足或四足，盖和鋬之间用链相连。据考证，青铜盉最早出现在二里头文化时期，盛行于商晚期和西周，流行至春秋战国时期。中国古代青铜器从商代晚期开始，呈现出敦厚凝重，装饰繁复，图纹威严神秘的特点，西周秉承商代旧制而略有变化。随着王权衰落，礼崩乐坏，青铜礼器中逐渐透出一些轻松活泼的气息，旧有的神秘、庄重与沉闷逐渐消失，具有创意的造型和纹饰逐渐多起来，一步步走向百姓生活。

凤鸟纹铜盉

1986年出土于陕西陇县东南镇边家庄村
高0.216米，最宽0.216米，厚0.046米
国家二级文物，现藏陇县博物馆

凤鸟纹铜盉墨线图

凤鸟纹铜盉鸟形盖

　　这件凤鸟纹铜盉为春秋时期文物。凤鸟形盖，圆角方形扁体，小口，前有曲管状兽头流，后有兽头状鋬（pàn，器物上手提的部分），流与鋬均分铸后装配于腹部，鋬的下端与腹部相连。器座状方形空心足。腹部中央饰一鸟纹和一夔纹，鸟头与流的方向相对，鸟立在尾部相连的两个龙身上，鸟冠后垂，周围饰一圈不规则的窃曲纹。足饰一环带纹和窃曲纹。器的侧面有三组头尾相顾的龙纹。凤鸟纹是古代青铜器纹饰之一。凤在神话传说中，为群鸟之长，是羽虫中最美者。据说凤飞翔时百鸟随之，故尊为百鸟之王。在古人的心目中，凤是吉祥之鸟。

　　凤鸟纹铜盉的出土地陇县东南镇边家庄村墓是一处规格较高的贵族墓地，墓内随葬品丰富，有铜礼器、车马器，以及玉、石、陶、骨器等。该地附近还有一春秋时期的城址，此处是秦人通过汧水谷地去往关中西部与陇山以西，以及更北的平凉、固原的通道，位置十分重要。有的学者据此认为该地是秦襄公所建都的汧邑。

四 彩绘陶簋

造型规整的食器

这两件彩绘陶簋造型规整，色彩和谐，纹饰简洁，线条流畅，彩绘保存较好，具有典型的秦文化特点。

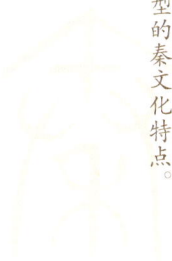

簋最初是盛放食物的器具，主要用于放置煮熟的饭食，后来演变为重要的礼器，在宴请和祭祀时，以偶数与列鼎配合使用。史书记载，天子用九鼎八簋，诸侯用七鼎六簋，卿大夫用五鼎四簋，士用三鼎二簋。在"礼不下庶人"的周代丧葬制度中，簋是贵族的专利品，一般平民陪葬的是日用陶器。

彩绘陶簋一为直口，平沿，真腹为盘状，腹底位于假腹中腰，低近平。对称的扁状兽面环耳上有四个泥钉，侧立面有两道斜向凸棱，喇叭状空心圈足，有盖，盖与器口沿上下对称，盖上有空心圆形捉手，盖与器口无子母合口，器盖至腹部分别饰平行的阴弦纹和红、白相间的钩折纹，纹饰简洁，线条自然，色彩和谐。

彩绘陶簋二为春秋时期文物。泥质灰陶，直口微敛，平沿，鼓腹，假腹，喇叭状空心圈足，扁平环状耳位于器腹部，腹部有三道瓦棱纹，并饰黑白彩勾云纹，圈足饰黑白彩三角形几何纹，有盖，盖上有空心圈捉手。

彩绘陶簋一

1992年出土于陕西陇县城关镇店子村
高0.177米，腹径0.191米，口径0.16米，重1.2千克
国家二级文物，现藏陇县博物馆

彩绘陶簋二

1986年出土于宝鸡凤翔南指挥镇高庄村
高0.175米，上口径0.21米，下口径0.17米，重2.17千克
现藏宝鸡先秦陵园博物馆

陶簋在新石器时代已经出现,主要用于盛放主食供众人分享,类似今天的大碗。簋主要流行于商至春秋战国时期,形制多,变化大。商代的簋形体厚重,多为圆形,两耳或无耳,器身多饰兽面纹,有的器耳做成兽面状。西周除原有式样外,又出现了四耳簋、四足簋、圆身方座簋等,部分簋上加有盖。考古出土西周时期簋的数量较多,早期一般沿袭商式,中期变化较大,样式繁多,晚期又趋于定型化。

　　彩绘陶是将陶坯先入窑烧制成器,再在器物上施彩绘。从历年陕西地区考古出土物可知,陶质的簋发现较少,而彩绘陶簋则更为少见。关中秦墓出土的仿铜陶簋最初与同时期的青铜簋略同。战国早期出现假腹簋,器物明器化,同时开始流行彩绘,从战国中期开始,器物风格突然发生变化,来自三晋、周、燕、巴蜀等地区的文化因素日渐显现。这与秦人东进、东方民众西来有密切关系。

　　陕西历年考古出土东周时期的陶器中,彩绘仿铜礼器数量较多,说明陶质建筑材料当时已广泛使用。这一时期彩陶多为泥质,采用轮制,烧制温度较低。西安、咸阳、宝鸡、渭南、商洛等地的东周墓葬中,均出土了彩绘陶器,器型有鼎、簋、壶、豆、碗、盘、罐、炉等,主要有 1977 年在凤翔高庄秦墓出土的彩绘陶壶,1981 年在凤翔八旗屯秦墓出土的彩绘陶鍑(fù,炊具,大口锅),1990 年在咸阳任家嘴秦墓出土的彩绘陶簋等。

　　这两件彩绘陶簋造型规整,色彩和谐,纹饰简洁,线条流畅,彩绘保存较好,具有典型的秦文化特点。

五 彩绘陶兽

肥圆壮实的明器

这件彩绘陶兽形象独特，躯体浑圆，造型生动，雄伟庄严，具有辟邪驱鬼的作用。

这件彩绘陶兽为春秋时期文物。陶兽作伏卧状，头向前平伸，双目圆睁突出，咧嘴，两獠牙外卷，两耳呈片状斜耸，尾巴紧缩于臀后，向上卷曲，四足粗短有力，背上凿方孔，全身布满红、黑相间的云纹和夔龙纹。

彩绘陶始于新石器时代晚期，常用色彩有红、黑、黄、白、赭等，色彩绚丽，是在烧成的陶坯上绘画，因绘制后不再烧彩，所以彩绘极易脱落。从考古出土物可知，战国、秦汉时期是彩绘陶发展的繁荣时期，墓葬出土的彩绘陶壶、豆、盘等几乎通体绘彩，且周身布满纹饰，常见的有几何纹、花瓣纹、柿蒂纹、云纹、雷纹、鸟兽纹等。

彩绘陶通常为黑地绘红白彩，红地绘黑白黄彩，白地绘红黑彩，底色与彩绘的搭配形成对比鲜明而又和谐统一的艺术效果。

这件彩绘陶兽形象独特，躯体浑圆，造型生动，雄伟庄严，具有辟邪驱鬼的作用。

彩绘陶兽

1986年出土于陕西陇县东南镇边家庄村
通长0.477米，通高0.24米，重1.007千克
国家一级文物，现藏陇县博物馆

云纹瓦当

云纹是战国晚期逐渐发展起来的一种纹饰，到秦统一后取代动物纹及自然形态的纹饰，成为瓦当纹饰的主流。

瓦当是房屋椽头的建筑装饰材料，是筒瓦前面圆形或半圆形的盖，用来盖在椽头上，既保护椽头不受风吹雨淋的侵蚀，也使建筑物显得华丽美观。云纹瓦当的整个图形呈对称状分布，有的有圆形瓦心，有的四周以圆点纹作为装饰。整个瓦当面由点、线、面等多种元素构成，生动自然，虚实相间，显得饱满均衡，富有节奏与韵律感，展现了中国古代工匠的聪明才智和伟大创造。

瓦当是随着槽形板瓦、大弧形板瓦以及筒瓦的使用而出现的。当屋顶铺设槽形板瓦或者大弧形板瓦的时候，每一列瓦之间就会出现缝槽，为了避免雨水从中流入，人们便采用筒瓦扣在板瓦的缝隙之上，这样就会在每列筒瓦的出檐位置露出椽头。为了不让雨水浸淋椽头，也为了装饰美化，瓦当便应运而生。

中国历史上最早、最原始的瓦当是在陕西扶风召陈和岐山礼村一带的周原遗址内发现的西周时期瓦当。因当时是瓦当使用的初期阶段，所以出土的瓦当数量极少，而且只有半圆形瓦当，没有圆形瓦当，纹饰也比较简单，只有重环纹和素面两种。

春秋时期仍然以小型素面半瓦当为主，纹饰增加了绳纹和兽面纹，使用数量比西周有所增加。战国时期瓦当表现的形式和内容都有了发展，形式上以圆形瓦当为主。早期和中期以动物、植物等写实图像为主，到战国晚期至秦王朝，以云纹、葵纹等抽象图形为主。在陕西一般把春秋、战国时期的秦国瓦当和统一后的秦代瓦当都称为秦瓦当。

1981年，在秦成山宫遗址内出土了大量瓦当，多数是圆瓦当，半瓦当很少，均为泥质灰陶，除个别火候较低外，基本呈现出烧成温度较高、质地坚硬的特征。瓦当的主体纹饰以各种云纹为主，也有少量植物纹、乳钉纹、乳钉网格纹、米字纹、太阳纹、曲尺纹、曲尺纹夹填乳钉纹、涡纹等十余种，图案和谐均衡，线条自然流畅，美观实用，简洁耐看。

云纹是战国晚期逐渐发展起来的一种纹饰，到秦统一后取代动物纹及自然形态的纹饰，成为瓦当纹饰的主流。陈直先生认为，云纹是由铜器上的纹饰及回形纹演变而来的。秦云纹瓦当体现了从动物崇拜到植物崇拜，再到图腾文化发展的历程。考古出土秦云纹瓦当的特点是：以中心为支点，采用对角线的方法，使云的形象作了重复、条理的多种变化，其基本图案由当心及周边纹饰组成，当心多为方格纹、斜方格纹。这类瓦当的当面一般由凸起的单线圈将其分为内外两区，外区纹饰以云纹为主，云纹变化多端，犹如天空中的云朵，时而如羊角外卷，时而如蘑菇一朵一朵，时而又互相卷曲勾连，形式多样。其构图以凸起的单线或双线将表示祥瑞的云朵勾画在当面，讲究图案的对称与均衡，中心区纹饰有乳钉纹、方格纹、斜方格纹、曲尺纹、曲尺纹夹填乳钉纹、米字纹、涡纹等。云纹瓦当反映了秦宫殿以象天汉、祥云缭绕、求仙升天的思想。下面介绍眉县博物馆收藏的云纹瓦当。

连云纹瓦当　　　　　　　蘑菇云纹瓦当一　　　　　　蘑菇云纹瓦当二

卷云纹瓦当一　　　　　　　　卷云纹瓦当二

云纹瓦当

连云纹瓦当直径0.155米，边轮宽0.01米
蘑菇云纹瓦当一直径0.154米，边轮宽0.011米
蘑菇云纹瓦当二面径0.148米，边轮宽0.007米
卷云纹瓦当一面径0.155米，边轮宽0.011米
卷云纹瓦当二面径0.16米，边轮宽0.01米
现藏眉县博物馆

连云纹瓦当，当面无界格线，连云纹一笔勾成，自然流畅，连绵不绝，极富动感，表现了千变万化的云气形态。当心双重圆周内饰一乳钉。

蘑菇云纹瓦当一，是成山宫遗址中出土数量最多的一种瓦当。蘑菇云纹的茎柄均为双线，将当面均分成4个扇面，每个扇面内均有一组卷云纹图案，各扇内卷云纹两两相对，图案分布均衡合理。当心为一小圆，小圆内10条纵线与7条横线相交为菱形网格纹。

蘑菇云纹瓦当二，双线构成的蘑菇云纹茎柄充当界格线，将当面划分为4个界面，每个界面内均有一组卷云纹，卷云纹两两相对，当心为一小圆圈，内有若干乳钉。

卷云纹瓦当一，当面布局紧凑，和谐有序，浮雕感极强。当面内区为直径4.1厘米的圆，中心有一直径2.1厘米的大乳钉，周围饰12个小乳钉；外区为双线分割成的4个区间，每个区间饰一卷云纹，卷云纹左右上方各有一小乳钉；外区至边轮处有一圈1.2厘米宽的单线圆圈，内饰连续的三角纹。

卷云纹瓦当二，以双线为界格，十字交叉穿过单线当心圆，将当面分为4个扇面，每个扇面内有一组卷云纹。当心圆内的4个小扇面内各有一"V"形纹。

连云纹瓦当拓片

卷云纹瓦当一拓片

卷云纹瓦当二拓片

秦公钟

这套秦公钟形体高大厚重，纹饰雍容华贵。其上铭文书法笔画纤细，起笔重落笔轻，是春秋初期秦篆的代表作。

钟是打击乐器。钟体呈合瓦状，上细下粗，衡顶部封闭，甬中部有一浮雕团龙，多条龙相互缠绕。钟旋在甬下部，旋部一周饰有四个目纹，旋前面有一半环形干，干面用环带纹装饰。舞面分为四个区域，每区均有双首共身的吐舌龙纹，龙身饰有目纹，并以三角纹填充。钲部以粗阳线为框，划分出钲间、枚区和篆区。钲部中间为刻铭处。枚区和篆区相同，每个枚区设三个长枚，枚底端为圆锥形台，枚顶端为圆锥形的长柱状乳钉。每篆间饰有两条头部朝向钲间的龙纹，龙纹为鸟啄、凸目，下设爪，分尾。鼓中部饰相对而立的凤鸟一对，吐舌转身，尾部羽毛如同打开的扇面，极富动感。

太公庙村出土的五件钟上均有铭文，按其连续关系，可分为两组，其中甲、乙两钟的铭文共计130字，相连组成一篇文章，内容完整。丙、丁、戊三钟的铭文连续但不完整，共计109字，由此可以推断还缺一件钟。从钟体所刻长篇铭文来看，这些器物是秦公为祭祀其先祖专门铸造的一套钟镈。根据铭文和音律推测，这套编钟完整的组合应该在六件至八件。

甲　　　　　乙　　　　　丙　　　　　丁　　戊

秦公钟

1978年出土于宝鸡太公庙村

甲通高0.48米，舞宽0.22米，重24千克

乙通高0.47米，舞宽0.22米，重21.5千克

丙通高0.46米，舞宽0.215米，重24千克

丁通高0.385米，舞宽0.196米，重16.25千克

戊通高0.276米，舞宽0.128米，重6千克

现藏宝鸡青铜器博物院

钟产生于西周，单独悬挂的钟称为特钟，形制、纹饰相同，大小相次成组悬挂的钟称为编钟。编钟在春秋战国至秦汉时期盛行，使用时将若干大小不同的钟按次序悬挂在木架上编成一组或几组，因钟的大小不同，敲击时即可演奏出美妙的乐曲。出土时，甲、乙、丙三件带有"S"形挂钩。

在乐器中，编钟的地位最为尊贵，并以规模庞大、制作复杂、音域宽广而著称，有"中国古代乐器之王"之美誉，是中国古代礼乐文明的物证。

太公庙村出土的秦公钟、秦公镈上均有铭文，文字如下：

秦公曰："我先祖受天命，赏宅受国，烈烈昭文公、静公、宪公，不惰于上，合昭皇天，以虩事蛮方。"公及王姬曰："余小子，余夙夕虔敬朕祀，以受多福，克明厥心，盩龢胤士，咸畜左右，蔼蔼允义，翼受明德，以康奠协朕国，讨百蛮，俱即其服，作厥龢钟，灵音肃肃雍雍，以宴皇公，以受大福，纯鲁多厘，大寿万年。"秦公其畯令在位，膺受大命，眉寿无疆，抚有四方，其康宝。

钟和镈的铭文内容相同。铭文中的"秦公"是指秦武公，铭文记述了秦先祖襄公被周王"赏宅受国"之事，以及文公、静公、宪公三代秦君治国兴邦的业绩，表示自己要继续虔诚祭祀祖先和上天，以求得福祉。秦公钟、镈是秦国重器，铭文记载了秦人早期的历史，为寻找秦都平阳提供了重要的线索。

秦公钟的铭文出现了文公、静公、宪公等国君的谥号，由此可以推断，文中所称秦公也就是这套钟的主人，应该是秦国第五位国君秦武公，年代在春秋早期，而太公庙村一带正是当时秦国的都城平阳。近年来的考古勘探表明，太公庙村及其周边就是秦公陵园区。

学者认为，秦公钟铭文记录了秦国早期世系，以及秦武公在平阳励精图治的史实，可以与《史记·秦本纪》相印证。

考古勘探表明，从礼县大堡子山开始，秦国贵族就用大量器物殉葬，这既是财富的体现，也是权力的象征。太公庙即秦武公的大墓所在地，大墓配车马坑和乐器坑，与甘肃礼县大堡子山相似。乐器坑即为1978年出土秦公钟和秦公镈的地点。陕西宝鸡凤翔秦景公一号大墓的考古发现，向世人展示了秦景公的地位与奢华。

石磬与青铜编钟组成了"金石之乐"，青铜编钟与青铜鼎、簋等食器组成了"钟鸣鼎食"，这就是贵族礼乐与传统礼制的结合。这些物质与精神的财富构成了王公贵族的奢华美梦。

　　西周至春秋时期，秦的礼乐文化深受周王朝影响。从历年考古发现来看，秦人的圭璧、钟磬、冠带、佩饰、丧葬都与西周晚期文化一脉相承，可见秦国上层贵族文化崇尚西周礼制，但又因为受到戎狄文化的影响，青铜礼器和乐器等器物同时呈现出装饰繁复的特征。

　　这套秦公钟形体高大厚重，纹饰雍容华贵。其上铭文书法笔画纤细，起笔重落笔轻，是春秋初期秦篆的代表作。秦公钟的形制与编列仍然沿袭了西周旧制，反映了秦人入主关中后，仿效周礼，积极向中原礼乐文明靠拢的真实情况。

秦公钟

秦公镈

秦公镈是早期秦人的青铜乐器，国家一级文物，见证了当时秦人的礼乐完备和国力强盛。

公元前 770 年，秦襄公护驾周平王东迁有功，于是，平王便将岐山以西的土地赐予秦国，从此秦正式建国，由附庸时代进入封国时代。秦襄公在位时间虽然不长，但他的雄才大略及其开创的基业，为秦国社会发展和强盛奠定了基础。

这三件秦公镈形制、纹饰完全相同。镈的鼓部有四条扉棱，两侧扉棱由九条盘曲的飞龙组成，前后两个扉棱则由五条飞龙和一只凤鸟盘曲而成；舞部各有一龙一凤相背回首。铭文中提到秦襄公、秦文公、秦静公、秦宪公四代世系的业绩，着重讲述秦襄公被"赏宅受国"之事，还记述时任秦公朝夕虔祀祖先、纳聚贤才、励精图治的事迹，这对研究秦国历史和秦国文化发展具有极为重要的意义。

秦公镈甲的中腰两侧外鼓，下口收敛，横截面为椭圆形，两侧扉棱由九条蟠龙缠绕而成，扉棱上延至舞部连接成钮。钲部正背两面扉棱各由五条龙和一只凤鸟盘曲而成。舞部有一龙一凤，相背回首。舞部由勾连龙纹装饰而成，钲部装饰有勾连云纹，钲部上下有变形蝉纹和窃曲纹组成的条带，正背两面钲鼓间部各有四个菱形枚，铭文刻在鼓部。

甲

乙

丙

秦公镈

1978年出土于宝鸡太公庙村

甲通高0.751米，镈身高0.53米，重62.5千克

乙通高0.696米，镈身高0.508米，重56.25千克

丙通高0.642米，镈身高0.46米，重46.5千克

现藏宝鸡青铜器博物院

镈钩呈"S"形，一端封闭呈圆环状，另一端有卷钩。秦公镈甲的镈钩缺失。

秦公镈与秦公钟的铭文内容相同，都是秦公祭祖祷辞。大意是：自己的先祖（襄公）承受天命，建立国家，文公、静公、宪公功绩卓著，不失天命，谨慎处理与戎狄的关系。秦公表示，自己作为后辈子孙，不敢有丝毫怠惰，昼夜虔诚祭祀，以求福佑。又招揽贤能之士治理国家，戎狄都来归附。制作这组声音和谐洪亮的乐钟祭祀祖先，就是希望祖先保佑自己长久在位，多福多寿，广有天下。

铭文中的"秦公"，学界一致认为就是秦武公。秦武公在位时间是公元前697年至公元前678年。据考证，这件镈铸造于秦武公初年，距今已有2700余年历史。镈上的铭文对研究秦史、书法史、音乐史均有重要的学术价值。

秦公镈在加拿大多伦多展出

秦公镈在西班牙阿利坎特展出

秦公镈是早期秦人的青铜乐器，国家一级文物，见证了当时秦人的礼乐完备和国力强盛。秦公镈的发现证明宝鸡市太公庙村可能就是文献中所记载的秦宪公、秦武公所居的秦都平阳，这对寻找秦国早期都城并了解其迁徙路线有重要的学术意义，是研究秦国早期历史的物证资料，弥足珍贵。

学者认为，秦公镈和秦公钟的形制与编列仍沿袭了西周旧制，反映出秦人入主关中后，仿效周礼，积极向中原礼乐文明靠拢，以获得正统政治认同的现实需求。考古勘探表明，太公庙村及其周边是秦公陵园区，此处发现的秦公钟、秦公镈应出土于附属大墓的乐器祭祀坑中。

这组秦公镈是秦人开拓精神的缩影，上面的铭文既是对秦人祖先功勋的彰显，也是秦武公自己发愤图强的决心。秦公镈的出土，证明了史书中关于秦人开拓精神的记载是有史实依据的。今天，观众通过参观这组秦公镈，观赏镈上的铭文，就能感受到2700多年前秦人的雄心壮志。正是这种蓬勃向上的精神力量，被一代代秦人传承并发扬光大，终于在秦始皇时期，成就了一统华夏的千秋伟业。

秦公镈在瑞士伯尔尼展出

　　秦公镈与秦公钟一同出土，且铭文相同，是秦公室宗庙祭祀时配套使用的乐器。镈常同编钟、编磬配合使用。因为镈的声音洪亮悠扬，所以推测镈是用来指挥乐队、控制整体节奏的。

　　公元前764年初，秦文公来到了"汧渭之会（今宝鸡一带）"。这里处于两河所夹的三角洲，土地肥沃，并且又是当年非子为周孝王养马的旧地。于是秦文公在此修造宫室房屋，迁都于此。

　　秦文公在位五十年，儿子先他去世，只能由孙子秦宪公继位。秦宪公基于向东扩张的既定国策，又在古汧水东岸（今宝鸡陈仓东）修筑了一座新宫——平阳宫，并迁居那里。经过宪公十余年征战，秦国的东界从岐山一带推进到丰镐一带，渭河平原的三分之二被秦人占领。

可惜秦宪公英年早逝。公元前697年，秦武公继位。秦武公先后在边地设置了冀县、邽县、杜县和郑县等，加强对国土的控制，使秦国势力到达关中渭水流域，秦国至此终于统一了关中地区。

这秦公镈出土之后，学者纷纷撰写文章阐释其历史、科学、艺术和审美价值。因其造型端庄大方，纹饰华丽精美，做工精致考究而得到人们的喜爱，曾多次受邀随秦兵马俑等文物到美国、法国、韩国、日本、瑞士、芬兰、西班牙、澳大利亚等国家展出。在秦系文物展览中，秦公镈是非常受欢迎的文物之一，展厅中经常可见观众驻足观赏，啧啧称赞。

秦公镈在中国国家博物馆展出

九 景公墓石磬

天子郾喜，龚桓是嗣

景公墓石磬造型古朴，形如曲尺，制作精美，打造后又经过了精细的磨制，外表比较光滑。

陕西凤翔古称雍，秦国曾在此定都 290 余年（前 677—前 383）。虽然后来秦国都迁往咸阳，但秦人先祖的宗庙仍然在雍城，历代国君都要回雍城祭祀祖先。《史记·秦始皇本纪》记载，有 10 多位秦公死后都葬在雍城。

雍城是秦国定都时间最长的都城，是秦人走向辉煌的地方。秦居雍城期间，先后有 20 位秦公执政。秦德公元年（前 677），为了实现"子孙后代饮马于河"逐鹿中原的梦想，德公迁都雍城，这是秦国历史上一件具有划时代意义的事件。秦人在雍城建都的 294 年里，奠定了坚实的物质文化基础。

1976 年以来，考古工作者在雍城发现 14 座陵园、21 座高等级"中"字形墓葬及陪葬坑、祭祀坑、墓地建筑、围沟等遗迹。1976 年，考古工作者对凤翔南指挥村一号大墓进行发掘。该墓是整个秦公陵园中最早发现的最大墓葬，故称秦公一号大墓。在大墓最下方的平台上，还有 166 具殉葬的尸骨，其中年龄最大的 50 多岁，最小的不过十几岁。他们的下肢无一例外全都诡异地蜷曲着，且都有捆绑的痕迹。考古人员推断，这些人是在死后被人为摆弄成跪拜的姿态。而在墓葬角落的 94 具棺材，仅使用 4 厘米厚的薄材，面积也很小。这些则是匣殉。在匣殉里，甚至出现了没有衣服，只有一层草席裹着的尸体。

景公墓石磬

出土于陕西凤翔雍城
长0.325~0.49米，重2.08~6千克
现藏宝鸡先秦陵园博物馆

在大墓发掘的初期，由于大量文物被盗，因而缺少大墓主人的身份信息。因此秦公墓的主人，在很长一段时间里都是未知的。起初，这一组石磬并没有引起考古队员的注意。经历了两千年的风雨，这组石磬早已经从当初支撑它们的木架上掉落，碎成数十块残片。可随着考古队员的清扫，一行文字出现在眼前："天子郾喜，龚桓是嗣"，"唯四年八月，初吉甲申"。"天子郾喜，龚桓是嗣"的大意是：天子举行宴会，做这个磬的人是龚公，桓公的子嗣。根据这个铭文分析，这个墓地应该属于与桓公的子嗣同一时代的秦景公。而"唯四年八月，初吉甲申"，应该对应的就是秦景公四年八月初的甲申日。

磬铭最长的一条是："汤汤□商，百乐咸奏，允乐孔煌。段虎载入，又几载羕，天子郾喜，龚桓是嗣，高阳有灵，四方以幂，平……"从铭文判断，该石磬是秦景公即位时举行冠礼、祭祀宗庙所用的乐器。磬铭记载了景公即位时的庆典盛况。

《说文》载："磬，乐石也。"磬是古代的石质打击乐器。在秦景公一号大墓共出土石磬30多块，大多残缺不全，发现大篆铭文26条，180余字。

凤翔秦景公一号大墓出土的石磬，灰白色，磨制，磬身大而厚重，表面光滑，整体为不规则四边形。顶端为一折角，鼓、股的两上角为耸肩，下部边沿为内凹的弧形，有阴刻铭文。

先民在长期使用片状石制工具的生产活动中，发现这些石器经碰击可以发出清脆声音，于是便将之作为击器使用，后来演变为专门的击奏乐器——磬。这说明磬最初是劳动工具，后来逐渐发展为上层统治者殿堂宴享、宗庙祭祀的礼器。文献记载说，孔子听了用编磬演奏的《韶》乐后，高兴得"三月不知肉味"。

磬是会意字，甲骨文从殳从声，上是悬绳，下是悬盘，以槌敲击悬磬之意。

先秦时期，在朝会、庆典、宴乐、誓师及祭祀场合，都要进行音乐演奏和歌舞表演。《史记·秦本纪》记载：秦穆公为了消灭西戎，曾把"女乐"献给戎王。秦统一后，始皇帝把六国乐舞人才集中到咸阳。杜牧在《阿房宫赋》中有"歌台暖响，春光融融；舞殿冷袖，风雨凄凄"及"朝歌夜弦，为秦宫人"等诗句，就是秦宫廷乐舞兴盛的写照。此外，在《楚辞·大招》中有"代秦郑卫，鸣竽张只"的记载，说明秦乐不像李斯所说的"弹筝搏髀而歌乎呜呜快耳者"，秦与代、郑、卫三国并提，说明四国音乐的发展程度是不相上下的。

近年来，考古工作者在多处秦人遗址中发现了石磬。2004 年，在西安神禾塬战国秦陵园遗址出土的 10 余件残磬，磬上刻有"北宫乐府"等文字。2016 年，在秦咸阳城府库建筑遗址也出土石磬残块多件，石磬上也有"北宫乐府""左终""右八"的小篆文。这件出土于秦公一号大墓的石磬，上面刻有"百乐咸奏，允乐孔煌"的文字，其中的"百乐"泛指各类乐器，表明祭祀时演奏场面宏大，气氛热烈隆重。

磬一般随葬在等级较高的墓葬中，常与钟、鼓、铃、铙、埙等乐器伴随出土，有乐舞伴奏、礼仪祭祀等功能，作为击奏乐器，在中国古代音乐发展史上占有重要地位。2004 年以来，这组石磬多次参与秦始皇陵兵马俑专题展览，到日本、美国、哈萨克斯坦等国家展出，深受欢迎。

陕西宝鸡凤翔秦景公一号大墓的考古发现，向世人展示了秦景公的地位与奢华。景公墓石磬与青铜编钟组成了"金石之乐"，青铜编钟与青铜鼎、簋等食器组成了"钟鸣鼎食"，这就是贵族礼乐与传统礼制的结合。这些物质与精神的财富构成了王公贵族的奢华美梦。

景公墓石磬造型古朴，形如曲尺，制作精美，打造后又经过了精细的磨制，外表比较光滑。器身厚薄均匀，鼓部较长略窄，股部较宽且短。尤其值得注意的是石磬上的文字，虽然字数不多，但字形优美，结构均衡对称，笔道均匀圆润，与传世秦公钟、秦公簋接近，更与石鼓文相似，这对研究春秋时期秦国历史、文化及秦文字演变情况，具有重要的学术意义。

凤鸟衔环熏炉

先秦时期青铜艺术的杰作

这件熏炉在制造中融合了浇铸、焊接、镂空、镶嵌、编织等多种工艺，造型独特，手法精湛，美观实用，堪称先秦时期青铜艺术的杰作，三秦文物之瑰宝。

熏炉由底座、炉体和凤鸟形顶三部分构成。底座为镂空覆斗形，镂空部分由高浮雕图案组成，四个正立面图案相同，构图分为上下两层，上层是一只老虎正立，两侧各有一个持盾俯视的小人，小人外侧有夔凤。下层是两只老虎同向倒立，中间夹有一个持盾正视的小人，小人外侧有纵向爬行的小兽。老虎圆眼向外突出，生动活泼；夔凤圆目外突，作展翅欲飞状。小人形体矮小，面目清楚。与正立面相接的四个坡面图案也相同，并且与正立面的图案大部分一致，只是两端少了夔凤和小兽。

底座顶部是正方形平台。在平台中间，有一个底部为覆斗形的斜角空心方立柱，连接底座和炉体。底座顶部自四边中点至立柱底部各面中心，均有一条宽带，将底座顶部分成四个小正方形区域，每区均有一镂空浮雕夔龙纹。

凤鸟衔环熏炉

1995年出土于秦都雍城姚家岗宫殿遗址
高0.355米，重3.7千克
现藏凤翔区博物馆

凤鸟衔环薰炉局部

凤鸟衔环熏炉底座

　　炉体为椭圆球形，有内外两层，外层腹部正中水平向分为上下两个半球，由直径 0.3 厘米的铜丝弯曲成"S"形相互盘绕成镂空的蟠虺纹。铜丝上下端分别焊接在两个半球的上下边沿。下半球底部有直径 7 厘米的圆洞，上边缘四面铸有四个岐角衔环兽首。上半球顶部铸有一只凤鸟，高冠长颈，双目突出，作展翅飞行状。凤足收缩，勾勒附着于空心圆柱上，圆柱与凤体连铸在一起构成炉体的顶部。凤鸟背部有一个直径 0.7 厘米的圆孔与炉腔相通。炉体内层是椭圆球形炉壁，下部向外突出一直径 6.9 厘米的圆形平底，置于外层底部的圆洞中，平底中央有一直径 0.7 厘米的圆孔与炉腔相通。

　　熏炉为焚香器具，主要用来熏衣染被、净化环境。从出土地点、造型风格和器形纹饰分析，该炉应是秦国王宫内的物品，属于战国时期秦人器物，因为熏炉出土于雍城姚家岗宫殿遗址，而雍城自春秋中期到战国中期，一直都是秦国都城所在地。

　　这件熏炉在制造中融合了浇铸、焊接、镂空、镶嵌、编织等多种工艺，造型独特、手法精湛、美观实用，堪称先秦时期青铜艺术的杰作，三秦文物之瑰宝。从 1996 年至今，熏炉多次随秦兵马俑等文物赴英、法、美、日、意等国家展出，深受欢迎。

镶嵌射宴狩猎纹壶

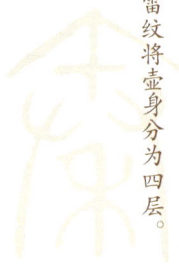

十一

造型好，工艺精

镶嵌射宴狩猎纹壶的特别之处，在于壶身上用金属片镶嵌出各种图形，并以带状斜角云雷纹将壶身分为四层。

秦都雍城高王寺一处青铜器窖藏内，共出土青铜器 12 件，其中有两件就是镶嵌射宴狩猎纹壶。

这两件壶的大小、形制、纹饰相同，小口、长颈、斜肩、深腹、圈底、圈足。肩部饰两只对称的兽面衔环。有盖，微鼓，中心刻有涡纹，四周饰有兽纹。周边有钮。壶上有各种动物、人物 231 个，这些画面是当时贵族生活的真实写照。

镶嵌射宴狩猎纹壶的特别之处，在于壶身上用金属片镶嵌出各种图形，并以带状斜角云雷纹将壶身分为四层。

第一层是习射图三组，倒刻在壶的颈部，描绘了练习射箭之人，自台基而上，站在高台之上将箭射向靶子的场景。在这组图像中，镶嵌一张兽皮样的箭靶，之下嵌绘一人提着两条大鱼，脚下有一鼎。这一小部分图像是弥补铜壶颈部三组图像之间的空白，表明制壶艺人在画面处理方面的匠心独运。

镶嵌射宴狩猎纹壶

1977年9月出土于秦都雍城高王寺一处青铜器窖藏
两件壶均高0.4米，口径0.108米，腹径0.23米
现藏凤翔区博物馆

镶嵌射宴狩猎纹壶墨线图

第二层为弋射、渔猎图三组，处在壶的醒目位置，描绘了射箭之人或俯身或仰身或屈膝搭弓，将带有绳子的箭射向飞翔的大雁。渔猎部分的雁凫刻画得栩栩如生，几只站在篱杆上的小水凫前后呼应，自然生动，大有呼之欲出、跃出壶外之感。

第三层为宴乐图三组，人物冠带服饰交代明确，生活用具清晰可辨，是一幅形象的贵族生活图景。在这幅图像上，最引人注目的是众多的建筑图样，完整清晰地反映了中国早期斗拱的原始形态。之前，河南辉县出土的宴乐射猎纹铜鉴、故宫博物院收藏的宴乐纹铜壶及成都百花潭出土铜壶上的建筑图样都比较模糊，给探讨汉代以前的斗拱结构及其发展带来一定困难。这件镶嵌射宴狩猎纹壶出土后，有学者说，这是迄今所见最早的斗拱形象。

第四层为狩猎图三组，描绘猎人手持双剑或长兵器与野兽搏斗的情景。

镶嵌射宴狩猎纹壶是用金银嵌入青铜器表面，构成各种花纹、图像。这种装饰形式，既丰富了美感和视觉效果，又显得层次分明，内容饱满，是不可多得的青铜文物。

这两件铜壶自出土之后，多次随秦兵马俑等文物到日本、德国、法国、摩纳哥、瑞士等国家展出，向世界展示两千多年前秦国工匠精美绝伦的雕刻工艺。

灯笼形玉佩

十二

玲珑剔透，小巧精致

这两件灯笼形玉佩玲珑剔透，色泽饱满，造型奇巧，工艺精良，是秦式玉器的典型文物。

灯笼形玉佩因外形酷似圆形灯笼而得名。这两件玉佩大小、形制、纹样完全一致，应该是一对。其中一件完整，另一件顶部有残缺。

玉佩为扁平体，玉质温润细腻，玲珑剔透，上下边缘均镂刻成方向相反的长条状，依次镂刻"山"字形、"八"字形和"L"形透孔，上下两端交叉对称，其下部再雕镂成相互参差勾连的透孔，镂出两大两小四条相互交叉的小腿和与之相连的足尖。正中则布满由阴刻细线组成的互相勾连的秦式龙首纹，四条参差的小腿和足尖以阴线与龙首纹相连，为群龙所共有，器周阴刻一圈细线，正面有精美纹饰，背面光素无纹，在足尖形透孔两侧各钻一对隧孔，便于穿绳佩戴。类似的玉器仅见于秦公大墓中，是最具特色的秦式玉器。这两件灯笼形玉佩色泽古朴，造型独特。

中国是世界上最早制作和使用玉器的国家，由于玉具有性质温润，质地坚硬，纹理缜密的天然特性，人们便将玉的特征人格化，并赋予儒家文化的道德标准，作为一种精神文化被历代仁人君子所推崇。而作为一种物质文化，玉器广泛使用于祭祀、礼仪、丧葬、装饰等领域。

灯笼形玉佩（完整）

1986年出土于凤翔南指挥村秦公一号大墓
直径0.049米，高0.0514米，厚0.0048米，重0.0215千克
现藏秦始皇帝陵博物院

以玉为佩的习俗由来已久，到了春秋战国时期，由于对玉的种种道德比附，更使得玉佩成为君子不可或缺之物，所谓"君子无故玉不去身"就是对这种佩玉之风的总结。春秋时期，各国玉器逐渐有了地方特色，地处西北的秦国玉器上常雕琢几何形的方头尖尾龙纹或方折龙首纹，图案规整大方，与同时期中原及吴越荆楚地区的龙纹差异很大。

说到玉佩，还有一个发生在战国时期有关秦、赵两国的故事，就是"完璧归赵"。《史记·廉颇蔺相如列传》记载，赵国有块和氏璧，秦王很想得到它，说愿意用秦国 15 座城交换。赵国很为难，因为怕秦国不讲信义，导致赵国既受骗还要被人耻笑，有损赵国形象。如果不给秦国这块玉，又怕秦国以此为把柄发兵来犯。正在进退两难之时，有人推荐蔺相如出使秦国。赵王经过与蔺相如交流后，认为他果然胆识过人，虑事周密，就派他带着和氏璧去秦国。

蔺相如见到秦王后献上和氏璧，没想到秦王态度傲慢，压根不提给赵国 15 座城的事。蔺相如便借口说璧上有瑕疵，让他指给秦王看。接过玉璧后，蔺相如靠着柱子，怒发冲冠地对秦王说："大王想得到这块玉璧，差人向赵王索要，赵国大臣都怕秦国不讲信义，用空话骗取赵国的玉璧。我认为大王是一国之君，不会为了一块玉，伤了秦、赵两国的和气。赵王听了我的话，沐浴斋戒了五天，亲自在朝堂上将国书和玉璧交给我，让我送到秦国。但我来到秦国，献上玉璧，大王却一字不提交换城池的事。现在玉璧在我的手里，您如果强迫我，我就和玉璧一起撞在柱子上。"说完，怒气冲冲地举着玉璧，眼睛斜看着柱子，随时准备砸碎。

秦王怕蔺相如砸毁玉璧，连忙赔礼道歉，并让人拿来地图，指着把 15 座城归赵国。蔺相如知道秦王并非认真，便说："秦王既然喜爱和氏璧，赵国不敢不奉献。只是赵王送璧前曾沐浴斋戒五日，表示恭敬，大王也该沐浴斋戒五日，才可接受

灯笼形玉佩（顶部残缺）

和氏璧。"秦王只好答应。蔺相如回到馆舍后，让人偷偷地带着和氏璧从小道逃回赵国。蔺相如完璧归赵，既保全了赵国的玉璧，又没给秦国落下把柄，还为赵国赢得了一个好名声。

历年在陕西出土的春秋战国时期玉器约1500件，主要出自凤翔秦都雍城遗址、秦景公墓、宝鸡益门村二号墓、秦咸阳城遗址、旬邑转角村秦国墓葬、西安北郊联志村和卢家口村秦祭祀坑遗址。尤其是西安北郊联志村祭祀坑内出土了85件玉器，有玉圭、玉璋、玉璧、玉琮、玉璜、玉人、玉觿（xī，玉器的一种造型，其首如龙而尾尖，有扁身和圆身两种，扁身造型如半玉璧，圆身造型如象牙，为祭祀和祈福时之礼器）等，时代特色和地域特征非常明显。

这两件灯笼形玉佩玲珑剔透，色泽饱满，造型奇巧，工艺精良，是秦式玉器的典型文物，多次作为展品出现在展览海报和宣传招贴画上，还受邀随秦兵马俑一起到美国、韩国、日本、新加坡等国家展览，并在"平天下——秦的统一"全国文物巡展中受到人们的喜爱，是陕西出土秦玉器的代表文物。

宝鸡益门村二号墓中，共出土三把剑，均为金质剑柄，铁质剑身，分制卯合，只是柄部纹饰各不相同。

剑由剑身和剑茎两部分组成，所谓剑茎就是剑的把手。在剑茎与剑身之间有一块凸起的隔板，叫作"格"。"格"上一般都有装饰物，以显示使用者的身份和地位。

宝鸡益门村二号墓中，共出土三把剑，均为金质剑柄，铁质剑身，分制卯合，只是柄部纹饰各不相同。

一号剑剑身呈柳叶形，柱状脊。出土时剑身外有织物包裹印痕，并有整齐列为一行的小金泡七枚，应该是剑鞘遗物。剑柄整体镂空，两面纹饰相同。

剑柄处由格至首为金质，用镂空浮雕蟠虺纹装饰。虺身布满表示鳞甲的密点，互相缠绕，以绿松石镶嵌。绿松石因"形似松球、色近松绿"而得名，因所含元素不同，颜色也有差异，氧化物中含铜时呈蓝色，含铁时呈绿色。

一号剑

二号剑

金柄铁剑

1992年5月出土于宝鸡益门村二号墓
一号剑通长0.378米，身长0.25米，柄长0.128米，重0.35千克
二号剑残长0.297米，身残长0.184米，柄长0.113米，重0.3千克
现藏宝鸡市考古研究所

剑首端为相连又相对的三组蟠虺纹，柄茎两侧各形成五个突出的方齿，两两相对，略有错落。柄部为双虺相背组成的兽面纹，兽目以绿松石镶嵌，金黄色与天蓝色组合在一起，显得高贵典雅，富丽堂皇。

学者认为，铁质剑身的铸造难度远远大于青铜，这是因为铁的熔点比青铜熔点高出许多，因此，金柄铁剑的出土，证明秦人已经熟练掌握了先进的冶炼技术。

二号剑纯金实心，格与首为变形蟠螭纹，镶嵌有绿松石珠，出土时部分已脱落。柄茎为长条形，横截面为六边形，无纹饰。

三号剑通长 35 厘米，身长 24.6 厘米，柄长 10.4 厘米，重 400 克。纯金质剑柄，有镂空的变形蟠螭纹。格部为一变形兽面，茎两侧有略微相错的凸齿七对，螭目为圆柱形小管，上嵌绿松石。

考古发现最早的青铜剑，出土于内蒙古朱开沟遗址的一处墓葬中。起初剑身较短，形状如同柳树的叶子，制作比较简单。西周时期的青铜剑，主要出土于陕西长安张家坡、陕西岐山贺家村、北京琉璃河等地的墓葬中。春秋晚期以后，青铜剑的制作工艺日臻成熟。著名的有越王勾践剑和吴王夫差剑。战国时期，剑身逐渐加长，已经能铸造出脊部和刃部具有不同铜锡配比的剑。在秦兵马俑坑中，也出土了青铜剑，长度接近一米，剑身窄而薄，脊部柔和，刃部锋利，表面做了防锈处理，代表了青铜剑的最高技术水平。

益门村秦墓出土的三把剑的剑柄均为纯金，剑身为铁质，故称金柄铁剑。尤其是一号柄部为纯金质地，整体镂空，并镶嵌有绿松石，这在其他地区考古发现中很少见。学者认为，这类剑属于秦式短剑，地域特征非常明显。

金柄铁剑历经 2400 余年风雨，至今仍然金玉辉映，异常华丽，尤其是绿松石与蟠虺纹相映成趣，更使得剑柄玲珑剔透，璀璨夺目，让人叹为观止。近年来，金柄铁剑已成为秦文化专题展览中的重要文物，赴英国、美国、韩国、德国、澳大利亚、新加坡、摩纳哥等国家展出，深受欢迎。

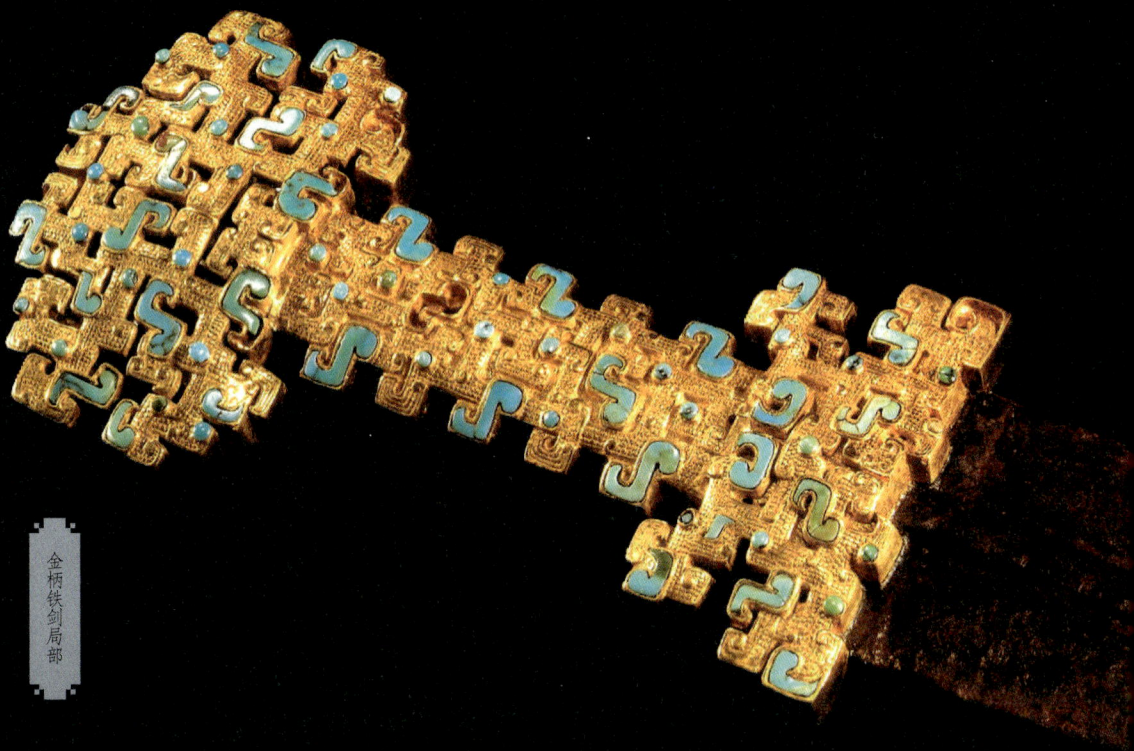

金柄铁剑局部

盘蛇形金带钩

整器由一条大蛇和六条小蛇构成，大蛇盘曲，回首，四条小蛇盘于大蛇背部，两条小蛇在大蛇中间首尾相接。

这件盘蛇形金带钩为春秋晚期文物。金带钩为圆形，盘蛇状，末端开口，腹部空，有一小柱立于底部中间。整器由一条大蛇和六条小蛇构成，大蛇盘曲，回首，四条小蛇盘于大蛇背部，两条小蛇在大蛇中间首尾相接。因使用时间较长，器体磨损严重，局部有些纹饰已经模糊不清，但仍可看出整体由阴线勾云纹装饰而成，小蛇以阴刻细线装饰蛇身，并以小珠粒衬托底。

带钩是中原文化特有的腰带构件，多以青铜铸造而成，金质带钩发现较少，而在北方系青铜文化中常用金质带饰。出土这件金带钩的益门村二号墓，包含了北方系青铜文化和秦文化两种文化因素，而宝鸡地区在春秋时期是秦国中心地域，因此该墓属于秦国墓葬，从随葬品中反映出的北方系青铜文化因素推测，墓主很可能是被秦国所征服的北方系青铜文化中某一支系的首领或高级贵族，结合《史记·秦本纪》中有关秦穆公称霸西戎的记载，推测该墓可能是被秦国征服后迁入关中地区的戎人首领或其子女的墓葬。

这件金带钩是中原文化与北方系青铜文化碰撞融合的产物，因而得到学界关注，经常参加各类秦文化专题展览，曾到海外多个城市展出，因造型奇巧，工艺精良而受到人们的喜爱。

盘蛇形金带钩

1992年出土于宝鸡益门村二号墓
高0.014米，直径0.026米
现藏宝鸡市考古研究所

青铜建筑构件

这一类青铜建筑构件，外表华丽而内部中空，显然应是环套或附着于当时大型建筑构件之上的「釭」。

中国很早就将榫卯结构应用于建筑中，但早期的木榫卯节点处理薄弱，需要一种既能提升结构强度，又能保护木构的构件。于是，青铜釭（gāng，车毂口穿轴用的铁圈）诞生了。1973 年至 1974 年，考古工作者在陕西凤翔姚家岗豆腐村先后发现 3 个埋藏铜质建筑构件的窖藏，共出土各种类型的青铜建筑构件 64 件，很多构件上有精美花纹，内有锡渣及朽木痕迹。学者认为这些构件就是汉代的"金釭"，用于建筑物木结构的连接处。这些青铜构件出土于秦都雍城的故址，应该就是雍城宫殿的建筑构件。

这 64 件青铜建筑构件，大多以蟠虺纹装饰，有方筒形、曲尺形、楔形中空等多种类型。这些构件与木构一起用于转角处、末端和中段，起到加固和装饰作用。这批建筑构件多数只是一两面有纹饰，其余为青铜框架，推测其安装后仅有一两面露明，框架部分则被掩盖于墙体中，与古籍中的金釭颇为相似。在秦咸阳城遗址内，也出土了战国至秦代青铜建筑构件，尤其是铜合页。

专家研究认为，此类青铜建筑构件古名曰"金釭"，是古代宫殿壁带间横木上的环状金属装饰物，一般用于接口与转角处，起到加固和装饰作用。这一类青铜建筑构件，外表华丽而内部中空，显然应是环套或附着于当时大型建筑构件之上的"釭"。其形制可分为内转角、外转角、尽端和中段四种，主要用于连接房屋的木制构架，可以垂直连接，也可以水平对接。建筑学家们推断，我国木构架建筑的连接方式，从最早的绑扎连接到后来的榫卯连接，之间应该有个过渡，可能为金属连接。金釭的发现证实了他们的推测。

青铜建筑构件

秦封宗邑瓦书

该件瓦书是战国时代秦惠文王时期一份格式完备的秦封宗邑瓦书，反映了战国秦封宗邑制度和文书制度，是目前发现的唯一一件陶质文书。

这件瓦书呈长方形平板状，中间厚，首尾薄。泥质灰陶，形制仿照一尺长的木牍，字内填朱。正面和背面共刻铭文9行119字，其中重文二，合文一。文字如下：

四年，周天子使卿大夫辰来致文武之酢，冬十壹月辛酉，大良造庶长游出命曰：取杜在酆邱到滴水，以为右庶长歇宗邑。乃为瓦书俾司御不更顜封之，曰：子子孙孙以为宗邑。顜以四年冬十壹月癸酉封之。自桑堳之封以东，北到桑堰之封，一里廿辑。大田佐敄童曰未，史曰初。卜蛰、史羁手，司御心志是埋封。

从刻字情况分析，是用陶土制成瓦坯，在半干的时候用较硬的工具刻字，然后烧制，字里面填充红色颜料。

秦封宗邑瓦书

1948年出土于户县（今陕西鄠邑），具体地点不详
通长0.24米，宽0.065米，厚0.005~0.01米
现藏陕西师范大学博物馆

这件瓦书作于秦惠文王四年（前334）。《史记·周本纪》《史记·秦本纪》均记录这一年"天子赐文武胙"。当时周天子是周显王，他派人将祭祀文王、武王的胙肉赐给秦，反映了秦势力的强大。

文中提到的"大良造"是秦爵的第十六等，地位较高，相当于相邦。秦孝公时，商鞅曾任此职。庶长之名出现较早，在孝公之前，庶长权力很大，甚至可以废立国君。瓦书中的"大良造"与"庶长"相连，这一类例子也见于商鞅镦，说明当时大良造是官名，庶长是爵名，游兼此职，故出入君命，宣布封宗邑之事。被封予宗邑的庶长名叫歜（chù），陈直先生认为就是秦昭王时代魏冉为相的客卿寿烛。宗邑在杜县，杜县在今西安南杜城村附近。酆（fēng）邱即西周都城酆京故址。潏水是长安八水之一，因古今河道变迁，已经不在今日潏水流域。惠文王把酆邱到潏水之间土地封给右庶长建立宗庙，世代相袭。具体执行分封任务的是司御不更䰖（kuī，人名）。司御是官职名，不更是秦爵的第四级。䰖地位不高，是中央官府的下级小吏，负责管理土地事宜，因而让其负责封宗邑的封疆划界。

秦封宗邑瓦书局部

综合分析，这件瓦书上文字的意思是：秦惠文王前元四年，周天子（周显王）派卿大夫辰送来祭过文王、武王的福肉。冬十一月辛酉这天，大良造庶长游颁布命令说"杜县酃邱到漷水之间的这块土地为右庶长歜的宗邑"，并写出瓦书。派司御不更顝前去作封，说"子子孙孙作为宗邑"。四年冬十一月癸酉这天，开始作封，自桑壿的封界以东，北到桑堰的封界，共邑四十五家。大田官署的部佐，豪强有力的僮仆和史初负责占卜及在封上栽种树木，史羁刻写瓦书，司御心记录封宗邑这一过程，于是把瓦书埋在封界之中。

该件瓦书是战国时代秦惠文王时期一份格式完备的秦封宗邑瓦书，反映了战国秦封宗邑制度和文书制度，是目前发现的唯一一件陶质文书，其书写体例和出土简牍文书一致。瓦书记载秦惠文王四年，为庶长歜的宗邑作界封之事。瓦书详细记录了界封的时间、地点及参与界封官员的名字。按照秦惠文王的旨意，所封的这块土地当时属于秦国的杜县，封地范围是周代丰镐两京东南的酃邱，具体位置在沣河以东、漷河以西、南山以北这个狭长地带。陕西师范大学长安校区，正好在这个范围内。所以有学者说,这个瓦书应该是2300多年前陕西师范大学的地契。

商鞅镦与商鞅鐏

商鞅镦与商鞅鐏是战国秦青铜兵器的附件。镦是矛、戈、戟等长兵器木柄最末端的平底金属保护套。因为长兵器存放时，都是木柄的底部着地，经常摩擦容易变形或者开裂，受到潮湿以后，还会使整个木柄弯曲。如果给木柄末端装一个金属套，可以有效保护兵器，使之长久使用。镦为圆筒状，平底，中空，中部有透孔，有节，节下有相对的二穿孔。

镦上有铭文 9 字："十九年大良造庶长鞅。""十九年"是指秦孝公十九年（前343）。"大良造"是秦国第十六等级爵位名。"鞅"是商鞅，说明这些兵器是由商鞅监督制造的。

商鞅鐏为圆柱形，高 5.2 厘米，直径 2.3 厘米，壁厚 0.1 厘米。横断面为核桃形，底端近圆锥形，中空，中部有透孔。上刻有铭文 4 行 14 字："十九年大良造庶长鞅之造殳鞶郑。"铭文中的"十九年"是指秦孝公十九年（前 343）。"大良造"是秦国官名，掌握军政大权。自秦惠王设立相国掌军政大权后，"大良造"主要用作爵名。"庶长"是秦官爵名。"鞅"即商鞅，"之造"是战国中期秦器刻铭习惯。"殳"

商鞅镦

1995年出土于咸阳渭城渭阳乡（今渭阳街道办事处）塔儿坡战国秦墓
高0.0525米，上口直径0.023米，底径0.02米，壁厚0.001米
现藏咸阳市文物考古研究所

是两端有镦（殳镦）的杖类兵器，常用作仪仗兵器。"𨍎"是殳镦的制造地，"郑"是制造镦的工匠名。这件镦是商鞅监造殳的附件，从铭文分析，墓主人有可能生前是秦孝公的执殳卫士。

从商鞅相秦开始，秦的兵器题铭发生了变化。中央机构的器物生产，通常以相邦为监造者，以集中手工业的制造权，同时采用物勒工名制度，兵器和器物上刻有制作者与监制者的姓名和官职，这是商鞅变法之后所作的改变，物勒工名，加强对器物的保管和流通环节的管理。若是品质不符合要求，就可依此追究责任。商鞅镦与商鞅镦铸刻的铭文，字体俊秀，笔道行细，行款章法自如，运笔娴熟奔放，笔画刚健有力。

公元前 356 年和公元前 350 年，秦国先后两次实行以"废井田，开阡陌"、推行郡县制、奖励耕织和军功爵制为主要内容的变法活动。商鞅镦与商鞅镦见证了商鞅以大良造庶长的显赫身份主持了这场伟大的变法运动。此次变法加快了秦富国强兵的进程，为秦统一六国奠定了坚实的政治、经济、军事和制度基础。商鞅镦与商鞅镦对于研究战国时期秦国的官职、爵位有一定参考价值。

商鞅镦拓片

蟠螭纹铜镜

十八

精致的生活用品

该铜镜镜体轻薄，颜色灰黑，制作规整，纹饰精美，为秦铜镜中的精品。

　　该镜为青铜质，圆形，三弦钮，圆钮座。钮座外有一周细密的云雷纹带，再外为一周宽弦纹。内外区以一突弦纹为界，外区以细密的云雷纹衬底，主纹为缠绕式排列的蟠螭纹，蟠螭由宽平凸起的单线条组成，素宽卷边。该铜镜镜体轻薄，颜色灰黑，制作规整，纹饰精美，为秦铜镜中的精品。

　　铜镜兼具生活用具和艺术品功能，是古人日常生活不可或缺的用具。它既承载着闲情雅趣，也是中国古代科技文化水平发达的明证。

　　远古时期，人们以静止的水为镜，后以器皿盛水照面。随着青铜铸造技术的进步，诞生了早期铜镜。目前考古发现，中国古代最早的铜镜出现在距今 4000 多年前的齐家文化遗址中，一枚出土于青海贵南，一枚出土于甘肃广河。

　　春秋战国时期，青铜器的使用逐渐突破贵族礼乐的范围，扩大到社会生活的

蟠螭纹铜镜

出土于咸阳渭城红旗公社（今正阳乡）
直径0.158米，厚0.004米，重0.62千克
现藏咸阳博物院

广泛领域，铜镜这类日常用器的数量迅速增加。在铜镜蓬勃发展的战国秦汉及隋唐时期，铜镜的铸造技术和装饰纹样，成为社会生产力发展的体现。此时铜镜不仅是照面饰容的生活用具，同时也是制作精良的工艺品。因列国割据，铜镜工艺呈现出明显的地域特色。其中楚镜工艺繁复，图案多作双层处理，一般是精细的纹上加各种主题浅浮雕。秦镜在吸取楚镜特点的同时，又将装饰和雕刻简约化、平面化，保留了自身朴素、简洁、实用的特征。同时，这一时期的铜镜图样丰富，所涉猎的内容更为广泛，出现了许多极为经典的纹饰，蟠螭纹就是其中的代表。

"蟠"为盘曲之意，"螭"在古文献中有多种说法，《说文解字》中记载"无角曰螭"，意即无角之龙。传说龙生九子中的二子就是螭，说螭是兽形的山神。顾名思义，蟠螭纹中的"螭"是龙属的一种。这种盘曲变形的龙纹一般作为主纹使用，常以张口、卷尾、盘曲的姿态示人。每只兽螭首尾相连，形成连续装饰带。蟠螭纹是春秋时期创新的纹样之一，使用范围较广，经常出现在古代建筑以及青铜、玉、陶瓷等工艺品上，对后世纹饰风格产生较大影响。

咸阳是战国中期以后秦的都城，咸阳博物院收藏的秦文化铜镜多有明确的出土地，为战国铜镜的研究鉴别提供了有力的标尺。这件蟠螭纹铜镜，其规范化的形制、精美的装饰纹样，证实了当时铜镜已经从早期的稚朴走向成熟。

龙钮錞于

十九 以龙作钮的秦国重器

錞于也写作錞釪、錞，是中国古代军中所使用的打击乐器，常与鼓配合，用于战争中指挥进退，有时亦用于祭祀及宴享。

这件錞（chún）于为青铜质，是战国晚期至秦时期的文物。顶部圈沿、无盘，肩与圈沿相连处有弦带一周，下缀三角形叶纹，外壁及顶部圈沿内的主体纹饰为四方连续的勾连云纹，单位纹样为云雷纹衬底的斜六边形。龙钮位于器顶突沿正中位置，尾部稍残，长15.6厘米，顾首、张口、瞪目，曲颈反转，体呈"~"形卷曲，四爪两两相对，形象生动，栩栩如生。錞于身饰叶纹、云纹、焦叶纹。

这件錞于器身呈束腰圆筒形，上端浅圆盘中央有一龙钮，矮圈足，通体饰勾连云纹及三纹。錞于面体有连续的三角形叶纹和四方连续的勾连云纹。

龙钮錞于

1978年出土于陕西咸阳东郊塔儿坡秦墓
通高0.696米，肩围1.11米，底围1.18米
现藏咸阳博物院

龙钮

　　錞于也写作錞钎、錞，是中国古代军中所使用的打击乐器，常与鼓配合，用于战争中指挥进退，有时亦用于祭祀及宴享。最早的錞于出现在春秋时期，盛行于战国到西汉前期，考古出土的錞于集中在陕西、山东、江苏、安徽、湖北、湖南、四川等地。

　　在冷兵器时代，击鼓、吹角、鸣金等，都作为军乐器指挥着军队的进退。《淮南子·兵略训》记载："两军相当，鼓錞相望"。錞于多用于与敌军交战时，士兵击打发出声音鼓舞军队士气。

　　这件錞于的外形很像一个圆筒，下部比上部略微大一些，有别于多数錞于上大下小的形制。学者认为，虎钮錞于发现的数量较多，地域较广，是古代巴人的遗物，这与巴人对虎的偏爱有关。因为虎在上古神话中，具有辟邪驱疫的作用。于是，巴人常将自己崇尚的虎形象，铸于自己钟爱的器物上。目前只有这一件以龙作钮的錞于，是秦国军用乐器，造型别致，纹饰精美，弥足珍贵。两千多年前，秦人在战场上、祭祀场合和庆典仪式上，敲击錞于，"清响良久，声震如雷"，自带混响效果，余音绵绵，至今回荡。

二十

脩武府温杯

秦统一六国的物证

学者认为，温杯就是温酒器。温杯实则是做温羹之用，结合时代特点和形制看，这件脩武府温杯在当时也应有濡染肉食之用。

温杯器身由两部分组成，上部为耳杯，下部为底盘，平面呈椭圆形，杯底有四个马蹄形足，铸于底盘上。在杯的短径两侧各有一个兽面辅首衔环。盘通身素面，平面呈圆角矩形，盘底有四个马蹄形足。在耳杯耳部阴面与同侧底盘的边上都刻有"脩武府"三个字。"脩武"是地名，古称南阳，属于魏国地域，在今河南获嘉境内。魏国灭亡后，该器进入秦国。《史记·秦本纪》记载："魏入南阳以和。"秦昭襄王三十三年（前274），脩武并入秦的领土。这件脩武杯是秦占领该地后所造，时代在战国晚期到秦。

脩武府温杯

1966年出土于塔儿坡秦墓青铜器窖藏
耳杯长0.15米，宽0.129米，足高0.06米
底盘长0.15米，宽0.115米，腹深0.02米，足高0.03米
现藏咸阳博物院

脩武府温杯局部

　　"府"字为秦风格文字，不同于三晋的"府"字。在咸阳博物院第一展厅以秦孝公筑城咸阳至秦王政统一六国140余年的历史为背景，通过典型的文物简要说明秦人早期历史渊源。脩武府温杯就是其中一件非常重要的文物，是秦统一六国的物证。

　　学者认为，温杯就是温酒器。温杯实则是做温羹之用，结合时代特点和形制看，这件脩武府温杯在当时也应有濡染肉食之用。温杯的前身可追溯到商周时期的温鼎。温鼎造型特殊，容纳食物的部分为鼎形，足下为接盛炭火的托盘或炉灶，大多形制较小，鼎腹较浅，以炭火加热。

　　这件脩武府温杯既是秦统一六国的见证，又是中国饮食文化演变史上的重要物证。

安邑下官钟

这件钟器形硕大、制作规整、铭文清晰。钟为高领，圆口，鼓腹，圈足，有盖。盖上有3个环钮，饰云纹，环钮上有外撇的鸟首。

这件钟为战国时期魏国铸造的铜量器。器形硕大、制作规整、铭文清晰。钟为高领，圆口，鼓腹，圈足，有盖。肩部有对称的辅首衔环耳，从肩部到腹下有4道弦纹，原有的镶嵌物已脱落，盖上有 3 个环钮，饰云纹，环钮上有外撇的鸟首。

钟的腹部、口沿和颈部共刻铭文 33 字。腹部刻有 2 行 5 个字："安邑下官重（锺）。"另一处刻有 21 字，排成 5 竖行："十年九月，瘤（府）啬夫成、右（左、佐）史狄觚（校）之，大斛斗，一益（镒）少半益（镒）。"在口沿部有"十三斗一升"5 个字，颈部刻横杠及铭文"至此"。

这些文字清晰记载了该器的器名、造器年月和官吏，以及器物容量。"安邑"曾是魏国国都（今山西运城），"下官"是魏国负责制造度量衡器具的政府机构。"啬夫"是府的长官，"佐"是啬夫的副手。此钟是战国时期魏国所造的标准量器，后来流传到韩国，又重新校量。夏鼐先生认为，大半即三分之二，少半即三分之一。

安邑下官钟

1966年出土于咸阳塔儿坡一处秦墓
高0.56米，口径0.19米，腹径0.37米，重19.7千克
现藏咸阳博物院

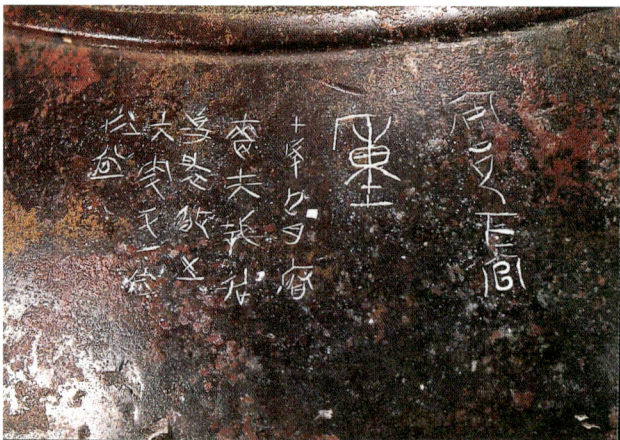

安邑下官钟铭文

　　李学勤先生认为"安邑下官重（锺）" 5 字铭文为魏刻。"十年"铭文是保藏机构所刻，是指韩桓惠王十年（前 263）。韩国的府啬夫成与佐史狄校量这件钟时，发现实物实测容积与应有容积有差异，所以在颈部刻横杠标线，到标线容积为25090 毫升，到口沿容积为 26400 毫升。

　　由此可知，魏昭王九年（前 287），魏国安邑献秦后，该钟流入韩国。秦王政十七年（前 230），秦灭韩后，该器流入秦国，再校量在口沿刻"十三斗一升"，并在钟的颈部刻"至此" 2 字，表示到此处是一升的容量。从铭文分析，该器是秦国的战利品，秦人得此钟后，又按秦量制校刻。

　　"安邑下官"是战国时期魏国国都安邑掌管饮食的机构。"府啬夫"是魏国管理铸造铜器的小官吏。"十三斗一升"是这件钟器流入秦地后，由秦人按照秦的度量衡制度刻上的文字。

　　经研究，此器原属魏国，流入韩国后，经韩国官吏校验，加刻校量标记，口沿部所刻为秦篆，是秦国得此钟后，重新校验留下的文字。同一件量器上加刻魏韩秦三国量制及铭文，实属罕见。

『八年相邦薛君』漆豆

这件高足豆是用来放食物的。漆的颜色以黑色为主，用红色绘出流云状的花纹，至今色彩仍然十分鲜艳。

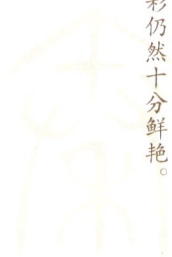

这件漆豆的时代为战国晚期。盘内漆皮脱落，边沿残缺，有多处裂隙，豆柄漆皮起翘开裂，底座边沿有磕伤划痕。

漆木豆为生活用具。上盘较浅，直口，短颈，喇叭形，圈足，柄部有2道红色弦纹，豆盘下部残留了装饰的红色痕迹，圈足有红色波折状纹卷云纹，豆盘背面有针刻的29个文字，从左到右依次是"八年相邦薛君造雍工师效工大人申""八年丞相受造□工师效工大人申"。底座背面阴刻"大官"2字和一倒刻的"同"字。

漆木豆上的"八年"是指秦昭襄王八年，《史记·秦本纪》记载，"（昭襄王）九年，孟尝君来相秦"。《史记·六国年表》记载："齐湣王二十五年（秦昭襄王八年），薛文入相秦。""薛君"就是孟尝君田文。孟尝君是齐国宗室，齐威王的孙子，战国四君子之一。公元前299年，齐湣王派田文到齐国，于是秦昭襄王任命田文为相邦。"雍"是秦国旧都，战国中晚期，其地仍设有隶属中央工官系统的制器机构。

"工大人"见于秦惠文王前元十三年（前325）或后元十三年（前312）的十三年相邦张仪戈等器物中。"大人"为敬称，"工大人"是工师副手，与工师丞相当，上有"工师"，下有"工"。"大官"是掌管宫廷膳食的机构，"大"也作"泰""太"。咸阳博物院藏有秦大官盉，器底刻有铭文"大官四升"。

公元前299年，孟尝君得到秦昭王的聘书，带着鸡鸣狗盗等数百人，到秦国担任丞相。当时，求贤若渴的秦昭王和孟尝君会面后，谈论六国之事，剖析天下形势，两人的想法不谋而合，大有相见恨晚之感。秦昭王给孟尝君颁发了聘其为丞相的证书和相印等信物，孟尝君也给秦昭王带去了薛地的特产，还有特地制作具有象征意义的漆木高足豆盘等礼物。

但是，孟尝君担任秦国的"相"仅仅一年后，即公元前298年，金受等人开始诽谤孟尝君，说孟尝君是齐国人，不会真心为秦国办事。秦昭襄王认为金受说得有道理，便罢免孟尝君，将孟尝君及其门客软禁起来，还准备找借口杀掉他。为了脱身，孟尝君便派人向秦昭襄王最受宠爱的妃子求救，并答应事成后用天下无双的狐白裘作为报酬。孟尝君门客中有一个善于偷盗的人。此人深夜潜入秦宫偷出白裘并献给昭襄王宠妃，妃子便好言相劝秦昭襄王释放孟尝君。孟尝君被放后，立即率领门客连夜出逃，到函谷关时正值半夜。按秦国法规，函谷关每天鸡叫时才能开门。正当大家犯愁时，只听见几声"喔，喔，喔"的雄鸡啼鸣，接着，城关外的雄鸡都打鸣了。原来，孟尝君的一个门客善于模仿鸡叫，而鸡群只要听到第一声啼叫就会跟着叫起来。守关士兵虽然觉得奇怪，但也只能打开关门，这才使孟尝君等人回到薛地。天亮后，秦昭襄王很后悔自己释放了孟尝君，立刻派出人马去追赶，一直追到函谷关，才得知孟尝君已出关多时。这就是成语"鸡鸣狗盗"的由来。

"八年相邦薛君"漆豆

豆径0.165米，高0.26米，底座径0.145米，柄径0.023~0.035米
国家一级文物，现藏秦始皇帝陵博物院

　　"八年相邦薛君"漆豆证明了孟尝君曾经在秦国担任相的历史事实。在漆木高足豆上，刻有"八年相邦薛君造""八年丞相受造"的文字，正好与《史记·秦本纪》中"薛君以受免"的记载相印证。

　　孟尝君田文后来在齐国开始逐渐专权，引起了齐湣王的猜忌，齐湣王利用一起案件嫁祸田文，于是田文又逃到魏国，后来协助魏国、赵国与燕国一起攻打齐国，这便是五国伐齐的事件。孟尝君最终在自己的封邑正常去世，他的儿子因为争夺爵位和家产互相争斗，结果齐国和魏国联合灭掉了他的封邑。

　　按照秦国官制，丞相是相邦（相国）的副手，而且丞相还分为左丞相和右丞相。据记载，在秦国担任丞相的人有：嬴疾（樗里疾）、甘茂、殳、金投、楼缓、魏冉、范雎、触、杜仓、吕不韦、启（昌平君）、颠（昌文君）、隗状、王绾、李斯。

这件高足豆是用来放食物的。漆的颜色以黑色为主，用红色绘出流云状的花纹，至今色彩仍然十分鲜艳。历年在北方地区考古发现的漆木器保存状况大多比较差，根本无法提取。这件漆木器保存如此完好，在隋唐以后的考古中也不曾有，更何况这是两千多年前的战国时期的器物，弥足珍贵。

相邦和丞相是官职名称，相邦高于丞相，而八年则是年号，为秦昭襄王八年，薛君和受则是两个人。丞相"受"名为"金受"，该人物在历史文献上出现极少，只有《史记·秦本纪》有"薛君以受免"的记载。有学者认为，受这个人历史上根本就不存在，这件漆豆上的铭文则证明秦国历史上确有此人，而且还是当时的丞相。

长期以来，一些历史学家认为相邦和丞相是一个官职，而高足豆上的铭文，则证明相邦和丞相是两个官职。在秦兵马俑坑中，一些器物上也发现了"相邦吕不韦造"的文字，这也从一个侧面证明相邦职位较高，后来西汉刘邦做皇帝时，因为忌讳"邦"，相邦被称为相国，再后来慢慢地变成只有丞相一职。

司马迁在《史记·秦本纪》中记载孟尝君"九年相邦"，在《史记·六国年表》和《史记·孟尝君列传》中，均记载孟尝君为"八年相邦"。其实，孟尝君在秦国担任相邦只有一年时间，漆豆上的这些文字把司马迁在《史记》中前后矛盾的记载说清楚了。

因此，这件漆豆上的文字，不仅解决了《史记》中时间的混乱问题，也明确了丞相与相邦的区别，还让孟尝君"鸡鸣狗盗"之事广为人知。

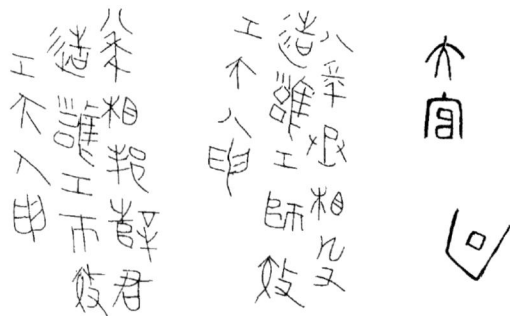

漆豆铭文摹本

车马出行图壁画

车马出行图壁画出土时画面朝上，稍稍倾斜。在一个菱形的方格中，两匹黑色骏马并驾疾驰，马头高昂，前肢跨步后肢屈曲作飞驰状。

壁画是在墙壁上绘制的画作，是人类历史上最为悠久的绘画形式。从旧石器时代晚期开始，在山洞或山体上绘制的岩画可以说是壁画的雏形。随着人类审美水平、绘画技艺、绘画工具的提升，开始出现真正意义上的在建筑物墙壁上以颜料绘制图像的壁画。

秦咸阳宫壁画出土时多为脱落于墙面的残块，但由于大量采用天然矿物颜料，发现时仍然艳丽如新，多见黑、赭、黄、大红、朱红、石青、石绿、蓝、紫、白等颜色，其中特别是蓝色与紫色，是由人工合成的矿物形成，这两种色彩在秦兵马俑上也多有发现。目前世界上最早的使用记录是中国，所以这两种颜色也被称为"中国蓝""中国紫"。壁画内容十分丰富，有几何纹饰、动物纹、亭台建筑、人物、车马出行、神异怪兽等，绘制笔法精细娴熟，线条有的雄健犀利，例如奔腾的骏马、张牙舞爪的怪兽，有的温婉柔美，例如迎风舞曳的柳枝、翩翩起舞的侍女。

车马出行图壁画出土时画面朝上，稍稍倾斜。在一个菱形的方格中，两匹黑色骏马并驾疾驰，马头高昂，前肢跨步后肢屈曲作飞驰状。车舆内站立的御手身着宽袖缁衣，身体前倾，右手执鞭高甩，驾驭着马车向前飞奔，整体画面动感十足，意境恣意洒脱。

秦咸阳都城遗址位于今天西安西北部和咸阳东部。《史记·秦本纪》和《三辅黄图》记载，自秦孝公十二年由栎阳西迁，到秦统一六国，再到二世灭亡，咸阳作为秦国和秦朝的首都达 144 年之久。

车马出行图壁画

出土于秦咸阳宫殿遗址
长0.59米，高0.335米
现藏陕西省考古研究院

四马驾车壁画局部

　　1959 年至 1961 年，考古工作者在咸阳窑店乡牛羊村附近发现秦咸阳宫殿遗址。在三号宫殿遗址内发现了保存完整的长卷轴式建筑壁画，有建筑、车马、人物、游猎、鸟兽、植物、鬼怪等内容。壁画是在秦都咸阳三号宫殿建筑遗址西侧回廊的东西两壁上，长达 30 余米，两层分间绘图，是一幅气势磅礴、震撼人心的艺术巨制。

车马出行图壁画是秦代写实绘画的杰作，主要画在三号宫殿遗址长廊的东壁上，共有三组，其构图大致如汉代画像石中常见的铺排。第一组画枣红马四匹，拉一车，盖如伞状，黑色；第二组与第一组基本相同；第三组存三匹黑色马。在各组车马之间，画二株并列的树，树冠作松塔形，褐色。图的下面有黑彩几何图案边饰。

车马出行图中绘有七套四马一车，在宽阔的道路上奔驰，每套车上的马色完全相同，分枣红、黄与黑三种；十几名着各色长袍、戴武冠的文臣武将分列左右，很可能是一组仪仗队伍；配以宫室建筑、对称树木、麦穗图案及各种几何纹饰，表现的是高规格的秦王出行的阵势，给人以极强的感染力。

在第四间东壁的车马图是四马驾车，其系驾方式与秦始皇帝陵铜车马很相似。画面十分写实，表现方法多样，颜色丰富，有黑、赭、黄、大红、朱红、石青、石绿，其中黑色的比例最大。壁画整体采用侧面鸟瞰角度，逼真的造型和动态表现了人物性格的粗犷豪放。画面局部采用了剪影效果，构图和谐规整，技法娴熟准确，应该是宫廷画工所绘。

车马出行图壁画是全国首次发现的宫殿装饰壁画，为研究东周、秦汉时期宫殿建筑装饰技法以及中国美术史提供了珍贵资料。

骑马俑整体比例均衡，制作工艺简单，眼、嘴、鼻均用刀具写意而成，造型古朴，在雕塑艺术手法上较为原始。

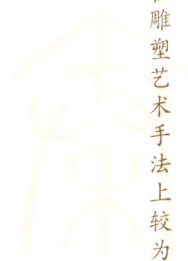

这两件俑大小、形制基本相同，均出自墓葬的壁龛中，泥质灰陶，并排站立，是我国目前所见时代最早的骑马俑。

俑骑跨在马上，目光正视前方。头戴风雪帽，帽顶中间有一孔，此处原来应该插有装饰性的物品。俑为圆脸，鼻梁高挺，眼、鼻孔及嘴均为戳刻而成。身穿高领短褶服，腰间束带，袖口卷起，左手前伸紧握辔（pèi，驾驭牲口的缰绳）绳，右手下垂作持物状。下身着短裤，足蹬长筒靴，两腿前屈，骑于马背之上，双腿紧贴马肚。骑俑的帽檐、衣领、襟、下摆、裤腿及鼻尖均涂红色，后背正中有一条朱彩竖带，连接衣领和下摆。

两匹马站立，昂首，目光前视，马身低矮瘦长，头短而壮，双耳高耸，马腿较短，颈部粗壮。马头有朱彩绘制的辔绳，马尾打结置于后胯之间，马头有彩绘的络头，马颈两侧有朱彩绘制的辔绳。

彩绘骑马俑

1995年出土于秦都咸阳遗址西侧塔儿坡秦人墓地
一马长0.184米，高0.17米，骑马俑通高0.226米
另一马长0.18米，高0.17米，骑马俑通高0.223米
现藏咸阳市文物考古研究所

塔儿坡秦人墓地出土的骑马俑属于战国晚期，以捏制方法塑造而成，未经烧制，通体打磨光滑。骑马俑整体比例均衡，制作工艺简单，眼、嘴、鼻均用刀具写意而成，造型古朴，在雕塑艺术手法上较为原始。

中国早在新石器时代就有了陶塑艺术品，当时人们用泥塑的人物或动物形象做装饰，到殷商时期出现了作为人殉替代物的俑，自此，陶俑便成为中国古代陶塑艺术的瑰宝。在陕西咸阳、铜川、宝鸡、汉中等地均发现内容丰富、千姿百态的陶俑，如春秋时期的陶俑有铜川枣庙秦墓出土的彩绘泥俑和凤翔秦都雍城遗址出土的小陶俑，战国时期的陶俑有宝鸡李家崖出土的三件乐人俑和咸阳塔儿坡出土的两件彩绘骑马俑。

这两件彩绘骑马俑虽然在雕塑手法上显得古朴原始，简单稚拙，但却真实反映了战国时期北方游牧民族的装束与风貌，是秦国质朴尚武精神的生动写照。

鹿纹瓦当

从鹿纹瓦当可以看出，秦人对常见动物观察得十分仔细，瓦当图案虽然抽象简化，但描绘精确，造型生动。

　　瓦当是中国古代建筑中特有的构件，不仅能保护屋檐椽头，防止风雨侵蚀，还能起到美化建筑的作用。古代匠师在瓦当这一建筑构件上，发挥卓越的创造才能，开创出琳琅满目、丰富多彩的艺术世界，让人叹为观止。

　　秦都雍城出土的瓦当，圆形，瓦色青灰，时代自春秋战国，经秦代到西汉时期，具有连续性、典型性、代表性的特征。鹿纹瓦当构图和谐有序，形象逼真生动，备受关注。

　　从鹿纹瓦当可以看出，秦人对常见动物观察得十分仔细，瓦当图案虽然抽象简化，但描绘精确，造型生动，可分为卧鹿、站鹿、奔鹿和子母鹿四种。

　　卧鹿纹瓦当当面是一个回首的大角鹿，虽然鹿为静态，但回首凝视的姿态给人以静中欲动的感觉；站鹿纹瓦当当面是一个昂首站立远眺的大角鹿，眼神中透露出机敏警觉；奔鹿纹瓦当所饰鹿纹图案简洁明快，动感十足；子母鹿纹瓦当是一个奔跑状的长角鹿，身手敏捷，活泼灵动，胸前有一只小鹿，极富生活气息；另外一个子母鹿纹瓦当当面是一大一小两鹿相对，母鹿头部扬起，前蹄伸展，尾部高翘，呈现出奔驰跳跃的姿态，造型轻盈灵巧，生动自然。

卧鹿纹瓦当一 卧鹿纹瓦当二

站鹿纹瓦当 奔鹿纹瓦当

子母鹿纹瓦当一 子母鹿纹瓦当二

鹿纹瓦当

出土于陕西凤翔秦都雍城遗址
直径0.138~0.145米
现藏凤翔区博物馆

此外，还有几种带有鹿纹的瓦当，豹鹿鱼纹瓦当图案是一只回首张口的豹子，细长的尾巴向上卷起，豹子正张口咬住一只小兽，在豹子的腹部下侧有一条鱼和一个奔跑的小鹿，这个瓦当图案表现了动物界弱肉强食的情景。鹿蟾狗雁纹瓦当图案是一只昂首站立的长角鹿，在鹿的前方有蟾蜍、狗和大雁，鹿的腹部下方是一只小鹿，当面布局紧凑，和谐有序。

秦人在定都雍城之前，是以狩猎为主的游牧民族。因此，雍城出土的动物纹样瓦当，真实反映了当时的狩猎生活，并有特定的寓意，如鹿、羊、双獾、鱼等，反映了秦人祈福求祥的心理，鹿谐音是福禄寿的"禄"，羊谐音是吉祥的"祥"，獾谐音是欢乐的"欢"，鱼谐音是年年有余的"余"。

在这些鹿纹瓦当中，作者把握了鹿的基本形象特征，以洗练的手法表现鹿矫健轻盈的体态和温顺机敏的性格，栩栩如生，体现出作者敏锐的观察力和高超的创造力，具有经久不衰的魅力。

鹿蟾狗雁纹瓦当

战国铜鼎

此件青铜鼎为战国晚期韩国所铸，在秦兼并战争时被「掠」入咸阳，秦灭亡后归汉王朝所有，又作为临晋厨鼎。

此鼎为铜质，圆形，素面，平唇内敛，扁圆腹，圆底，三蹄足，较矮，腹上侧附长方形耳，中部有凸棱一周，带覆盘形盖，上置三环钮，带乳突。在鼎口沿处有"宜阳""咸""临晋厨鼎"等刻铭，共有战国、西汉等不同时期的铭文50余字。

其中口沿外侧横刻三行34个字："临晋厨鼎一，合容一斗四升，盖重口斤十四两，口（下）重十斤八两，并重十二斤六两，名卅九。"笔画较粗，字口较深。在该铭字头处，从右到左，不整齐地分布有"宜阳""咸""一斗四升""一上"等刻铭文字，器腹部不同部位另刻有"仓""黾（黾）""临晋"等字，这些字体笔画均较细，字口较浅，用手触摸，比较光滑，几乎感觉不到字体的存在。其中"临晋"二字稍微模糊。盖内靠近口沿处似刻有"北里八"三字，但锈蚀严重，尚待除锈后才能确认。

战国铜鼎

出土于陕西咸阳
通高0.175米，两耳间宽0.245米，口径0.177米
现藏秦始皇帝陵博物院

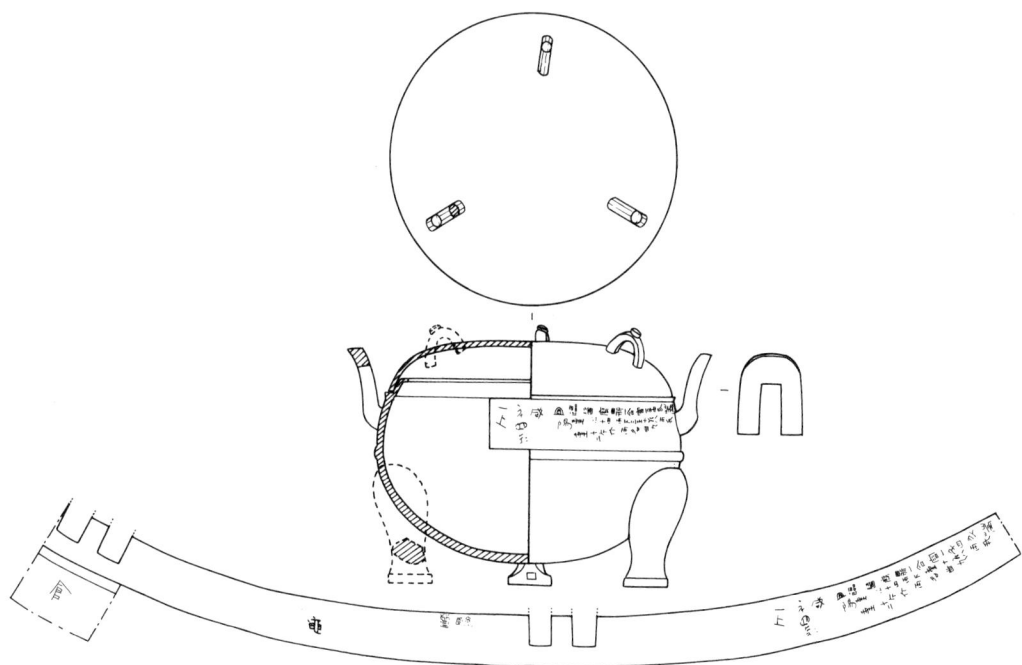

战国铜鼎墨线图

专家认为，此件青铜鼎为战国晚期韩国所铸，在秦兼并战争时被"掠"入咸阳，秦灭亡后归汉王朝所有，又作为临晋厨鼎（临晋为汉代县名，位于今陕西大荔）。鼎上铭文"宜阳""咸"为战国时首刻。根据铭文字迹的变化，推断秦以后又刻了两三次。清末至民国初在陕西咸阳出土，之后辗转流落到了法国。经鉴定，此件青铜鼎为国家珍贵文物，其刻铭记载了该鼎的重量、容积，反映了它的流传经历，对研究战国晚期到西汉早期的度量衡制度和历史有重要的学术价值。

从字体上来看，"宜阳""咸""一斗四升"等刻铭为秦小篆而非韩文，与秦始皇陵区出土文物上面的刻铭相比，二者无论在风格、字体，还是在写法上都极为接近，因此，这几个字显然为秦人字体，均为秦人所刻。也就是说，是秦人最先在上面刻字的。并且只刻"一斗四升"这种仅表示容量的刻法，在已出土的秦人刻铭铜器上也有发现。如安邑下官钟，口沿处刻有五字记容积"十三斗一升"，研究者明确指出这是秦人字体。该器是秦魏战争中秦国的战利品，秦人得此物后，又按秦量制校刻。

《史记·秦本纪》记载："（武王）四年（前307年），拔宜阳。"宜阳随即成为秦地，因其处于秦通往六国的交通要道上，地理位置十分重要。《史记·甘茂列传》记载："宜阳，大县也，上党、南阳积之久矣。名曰县，其实郡也。"表明上党、南阳二郡的物资都集聚在宜阳，可见它是南北、东西的交通要道。秦还在此地设官，专门管理物资并进行中转。秦昭王曾数度前往宜阳，居此地处理六国事务。

2006年初，欧洲保护中华艺术协会主席高美斯先生、西安市民黄新兰女士从海外买回这件铜鼎，并于2006年4月将该鼎捐赠给秦始皇帝陵博物院。

二十七 庄严与灵动的和谐

工师文罍

这件罍上铸刻的小兽左顾右盼，异常机敏，羊则领首静卧，姿态安详，逼真生动的造型，化解了罍作为礼器的庄严肃穆。

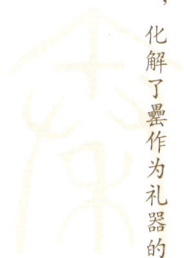

这件工师文罍（léi）为战国时期秦国文物。盘口短颈，平沿内折，圆肩收腹，小平底。体上下浑圆，没有花纹，肩部左右装饰一对圆雕走兽，前后圆雕羊首。下腹部接近器底处有四个半环形牛首鋬。口沿外有纤细如丝的十七字刻铭："卅四年工师文工安正十七斤十四两四升。"从铭文可知，该器系秦昭襄王三十四年铸造。

铭文中说明主持铸造此器者是工官之长，称工师；具体制造的工匠称为工；罍的重量和容积则直书数字。这种行文风格，开启了汉代记重量、记容积铭文的先河。铭文依次为铸造时间、主造官职工师、铸造工匠，最后记重量和容积，这种格式是战国晚期秦国中央官署铸造青铜器"物勒工名"刻铭的基本形式。另外，铭文记重量单位用斤、两，记容积单位用斗、升，这也是秦国惯例。

工师文罍

1993年陕西历史博物馆征集
高0.275米，腹深0.26米，口径0.13米，重5.42千克
现藏陕西历史博物馆

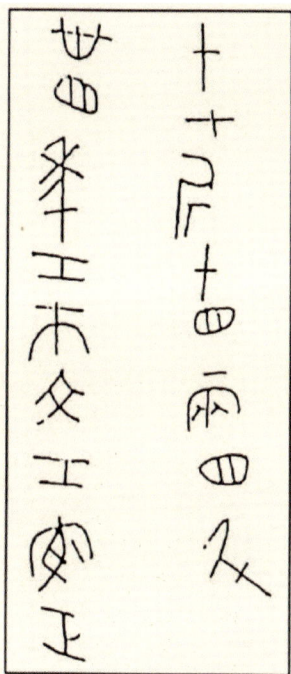

工师文罍铭文摹本

刻铭中所记造器时间为"卅四年"。据文献记载，秦国君王在位时间达到三十四年的人，只有昭襄王和秦始皇。秦始皇名"政"，行文应避讳"正"字，但在此刻铭中直书工匠姓名"安正"，说明此器非秦始皇时之物，应为昭襄王三十四年所铸。

走兽体饰云纹，颈和尾饰鳞纹，回首顾尾，竖耳张口，尾部上卷，动感强烈。羊首有极其夸张的盘角，呈颔首静伏貌。

这件罍上铸刻的小兽左顾右盼，异常机敏，羊则颔首静卧，姿态安详，逼真生动的造型，化解了罍作为礼器的庄严肃穆。在动与静的对立和转换中，让生命的可贵与生活的快乐和谐统一，千载流传。

工师文罍（正俯视）

铜力士头像

二十八 寓意深远的微笑

这件铜力士头像面庞圆润，眉目清秀，五官端正，局部残存鎏金。仔细看，高冠上的云雷纹饰，轻轻抿着的嘴唇，都刻画得栩栩如生。

　　这件铜力士头像系青铜铸造而成，内部中空。头戴凤鸟冠，冠饰云雷纹。力士圆脸，脸颊丰满，颧骨微微凸起，嘴角轻轻抿着，略带笑容，蒜头鼻，双目前视，头下有榫，冠顶中央有一方形穿孔。

　　《史记·秦始皇本纪》和《史记·李斯列传》中都记载，秦始皇统一后，收天下兵器于咸阳，铸造"钟鐻（jù，古代乐器）"和"金人十二"。就是把全国兵器都收起来,熔化后铸造成 12 个超级大的铜人。除了 12 个铜人之外,还有"钟鐻"。"钟鐻"是一种乐器，形如猛兽。之后，贾谊《新书》、刘安《淮南子》、班固《汉书》、范晔《后汉书》中均明确记载秦始皇收天下之兵铸"金人十二"，但迄今发现的秦代器物中，只有这一件是用青铜铸造的人头像。从中可以看到秦代青铜铸造工艺的技术水平，并对当时人的相貌及头饰有了一定的了解。

铜力士头像

1982年出土于秦咸阳城遗址
高0.11米，宽0.057米，重0.82千克
国家二级文物，现藏咸阳博物院

铜力士头像侧面与背面

　　学者认为，秦始皇铸造铜人的本来用意，不仅是要销毁兵器，还有"方术厌胜"的意思，也就是说铸造铜人来达到诅咒或是祈祷的目的。

　　这件铜力士头像面庞圆润，眉目清秀，五官端正，局部残存鎏金。仔细看，高冠上的云雷纹饰，轻轻抿着的嘴唇，都刻画得栩栩如生。我们可以将这件作品与秦陵铜车马上两件御官俑的造型及制作工艺进行比较。铜车马御官俑的塑造采用了写实手法，真实反映了两个御官俑的音容笑貌和体态特征。两人一坐一站，都是双臂前伸，作驾车姿势。御官俑面庞丰腴，英姿潇洒，从脸型、头发、眉毛、睫毛、嘴角的笑意到浮雕式的两片八字胡，都如同天生一般真实自然。尤其可贵的是，制俑工匠将御官严谨认真又有一丝得意的心理特征塑造得栩栩如生，令人拍案叫绝。

这件铜力士头像自出土后，多次随秦兵马俑等文物到瑞士、智利、日本、澳大利亚等国家展出，并参与兵马俑秦文化主题展览，受到人们的喜爱。2012 年在香港"秦始皇帝的永恒国度"展览中，作为重点文物予以推介，是秦代青铜雕像的杰作。

秦陵铜车马御官俑头部

错金银铜鼎

这件铜鼎除了做工细致、造型精美外，最大的特点是错金银工艺，雕镂精细，富丽堂皇。

这件铜鼎通体饰错金银柿蒂纹、三角纹、弦纹及垂叶纹。三足，双耳，鼎足细长呈动物蹄状，半球形器盖附三环钮。双耳、三足及器盖上的三环钮均有纹饰。鼎盖中部为柿蒂纹，外围环绕两周云纹。柿蒂纹是战国时期兴起的装饰纹样，因花纹形状像柿子与茎、叶相连的部分而得名，也有学者称这种纹饰为四叶纹、花叶纹、四瓣花纹、莲瓣纹等。

鼎最早是陶质的煮饭锅，用以炖煮食物。随着时代发展，出现了青铜质地的鼎，在功能上也演化成礼器，成为权力、地位的象征。这件鼎是秦国青铜礼器，表面布满错金卷云纹，制作精美，装饰华丽。

错金银铜鼎

出土于秦咸阳渭城

高0.137米，口径0.119米，腹径0.168米

国家一级文物，现藏咸阳博物院

错金银铜鼎打开状

　　金银器如同其他种类的奢侈品一样，历来为皇室贵族所专用。统治者通过官营手工业控制了黄金和白银的开采、制作及经营，大宗的金银器主要集中在皇室贵族手中，他们通过赏赐和进奉等形式，将占有者局限于统治阶层内部或是宗教寺院。金银器不仅代表财富，同时还是身份地位和富贵等级的标志。

　　春秋战国时期，文化上出现百花齐放、百家争鸣的繁荣局面。在这种背景下，金银器制作工艺得到迅速发展，纯金制品和黄金装饰品，从品种到数量都大幅增加，此时的青铜工艺也有新的发展，造型新颖、方便实用的日用器逐渐取代了形式单一呆板的王室之器。一件器物往往采用多种复合工艺，包、镂、镶、错、鎏金等金属加工技术获得较大发展，装饰效果更加雍容华贵、富丽堂皇。

近年来，在秦人集中活动的区域甘肃礼县、甘肃马家塬、陕西宝鸡益门村、宝鸡陈仓魏家崖、凤翔雍城马家庄、咸阳塔儿坡、临潼秦始皇陵的考古发掘中，出土了制作精美、工艺精良的金质文物。有金饰片、金兽面、金方泡、鸭形金带扣、金虎、金剑鞘、鎏金凤鸟、金当卢、金节约、错金银伞杠、金银络头等，表明当时的秦人已熟练掌握了金器制作技术和错金银工艺。

错金银是先在青铜器表面铸出或錾刻出凹槽，然后嵌入金银丝、片等，锤打牢固后，使之与器物表面相平，最后打磨抛光，使青铜器表面和金银纹饰各显出不同色泽，映衬出瑰丽的图案，达到突出图案和铭文的装饰效果。

这件铜鼎除了做工细致、造型精美外，最大的特点是错金银工艺，雕镂精细，富丽堂皇。曾多次与秦兵马俑等文物在美国、英国等国家展出，并参加香港回归15周年文物展"秦始皇帝的永恒国度"，作为重点文物予以推荐，是秦国文物精品的代表作。

两诏文铜权

三十

研究度量衡制的重要文物

这是其中一枚铜权。权的外形如钟，平顶部有鼻钮。体内中空，棱柱体，上部略收。

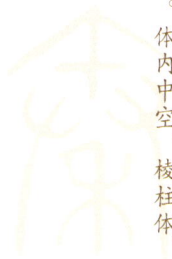

1973 年至 1981 年，考古工作者在秦始皇帝陵西侧的飤（sì，同饲）官遗址内发掘出土了三枚形制相同的青铜权，两枚分别重 254.6 克和 256 克，约为秦的一斤。另外一枚因锈蚀严重，重量为 325 克。

这是其中一枚铜权。权的外形如钟，平顶部有鼻钮。体内中空，棱柱体，上部略收。权表面有 17 道竖条瓜棱，瓜棱间的平面上刻有始皇二十六年诏书 8 行 40 字和秦二世元年诏书 9 行 59 字，诏文布满权表。平顶上部刻一"左"字，文字为标准小篆。秦权铭文内容非常单纯，主要是两篇诏文。

两诏文铜权

出土于秦始皇帝陵西侧飤官遗址
高0.072米，底径0.054米，重0.256千克
现藏秦始皇帝陵博物院

从重量看，这枚铜权是一斤权。从权上文字分析，此权应是秦二世元年至三年（前209—前207）铸造。秦二世元年诏版肯定了秦始皇统一度量衡的历史功绩，并表示要将统一度量衡的法令继续推行下去。

　　早在战国时代，秦国的度量衡改革便开始了。秦孝公十二年任用商鞅变法，其中就有"平斗桶、权衡、丈尺"，并颁布法令，监制一批度量衡标准器发往秦国各地。前221年，秦王嬴政统一后，以诏书形式颁布统一度量衡的法令，把商鞅制定、实施了百余年的度量衡制度进一步推广到全国各地。

　　度量衡是三种计量物体的名称，测量长短用的器具称为度，测定计算容积的器皿称为量，测量轻重的工具称为衡。两诏文铜权是一种衡。

　　近年来，考古工作者在陕西西安、咸阳、宝鸡，以及甘肃秦安、山东文登、江苏盱眙、山西左云、河北围场、内蒙古赤峰和敖汉旗等地都曾发掘出土了秦权。这些文物有力地证明了秦在统一后，将统一度量衡的政令推广到全国很多地方的事实。

　　云梦秦简和里耶秦简均记载，秦代对推行统一的度量制定了严格的管理和校验制度，有负责校准量值的官吏，具体管理权衡的是县啬夫。县啬夫要对权重是否标准、是否加刻诏书负完全责任。规定所有衡器在领用前都要经过官府校正，而且每年进行校验，以纠正偏差。

秦统一度量衡是中国古代历史上的重要事件，对统一国家的形成和社会经济发展起着重要作用。两诏文铜权上所刻的秦始皇和秦二世的两则诏书，清楚记载了秦统一度量衡的经过，是研究中国古代度量衡制的重要文物。

两诏文铜权铭文拓片局部

三十一 高奴铜权

文字最多的秦权

此权为铜质，半球形，平底，桥形钮，是陕西出土秦权中体积最大、文字最多的一件。

权是我国古代的一种衡器，有铜质、铁质和石质之分。此权为铜质，半球形，平底，桥形钮，是陕西出土秦权中体积最大、文字最多的一件。

秦昭王三年（前249），这件石权被作为标准衡器发送到高奴（今陕西延安）。秦始皇统一度量衡时，将此权调回校正，并加刻始皇二十六年诏书重新发回高奴。秦二世元年又将此权收回重刻二世元年诏文，诏书内容显示了秦度量衡政策的延续性。此权自始铸至秦二世六年，三次镌刻铭文，长期作为标准器使用，反映了自战国秦至秦朝一直保持着统一的衡制。

权正面铸突起阳文："三年，漆工熙，丞诎造，工隶臣平，禾石，高奴。"另一面阴刻秦始皇二十六年诏文："廿六年，皇帝尽并兼天下诸侯，黔首大安，立号为皇帝。乃诏丞相状、绾，法度量，则不壹、歉疑者皆明壹之。高奴石。"

高奴铜权

1964年出土于西安阿房宫故地
高0.172米，底径0.236米，腹围0.78米，重30.75千克
现藏陕西历史博物馆

在始皇诏文后，又刻有秦二世元年诏文："元年制诏丞相斯、去疾，法度量尽始皇帝为之，皆有刻辞焉。今袭号，而刻辞不称始皇帝，其于久远也，如后嗣为之者，不称成功盛德。刻此诏，故刻左，使毋疑。"

正面铸文"三年"当为此权的铸造年代。而"熙""诎""平"三字为人名。"漆"为地名，据考释，在今陕北佳县境内。"工师""丞""隶臣"三级是秦时冶铸工场内部的机构。漆工的"工"即为工师，位列"丞"之前，与秦代戈铭的排列顺序相同，当为器物的监造者。"丞"为主造者。"隶臣"是刑徒身份，为实际的铸造者。三级机构同时在器物上署名，显示了秦对冶铸工艺的重视，也是秦代"物勒工名"制度的具体体现。"禾石"的"禾"是指此权为称谷物所用。"石"为秦代衡制的计量单位，120 斤为 1 石。权相当于砝码，此权重 30.75 千克，折合计算，可知秦制 1 斤约合 256.25 克。

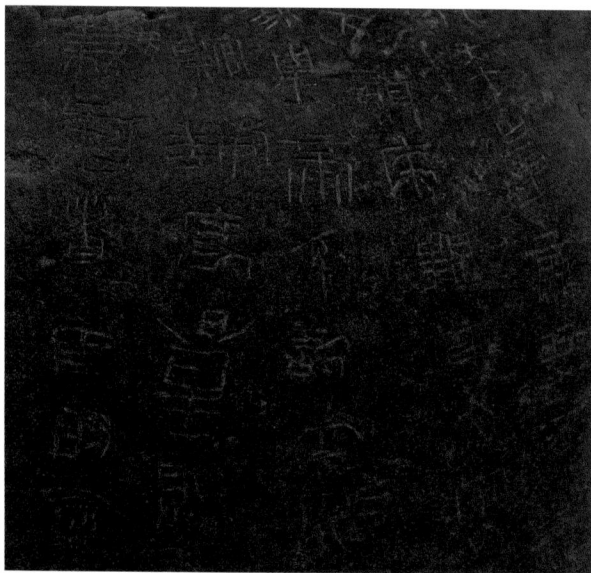

高奴铜权局部

背面的两段铭文，前者为秦始皇二十六年统一度量衡时所刻，诏文为统一格式的文字，与一般传世和新发现的秦权并无二致。秦二世元年又收回重刻一篇诏文，附于始皇二十六年诏文之后，颂扬始皇功德。所以传世和新发现的秦权中，有秦始皇二十六年诏的，有秦二世元年诏的，也有如高奴铜权这样同时有秦始皇和秦二世两诏的。

杜虎符

从这件杜虎符可知，军队全部都要听从调遣，若需调动50人以上的兵力，必须有与此符相合的君王右半符，才能发挥作用。

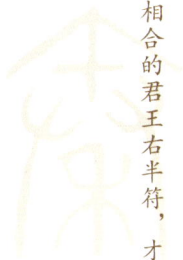

杜虎符是秦国保存在杜地军事长官手中的老虎形状的兵符。虎符分为两半，右半留京城，左半发给驻外军队。调兵时，由朝廷使者持右半与地方的左半契合后方可用兵。

这件虎符为左半符，虎呈站立行走状，昂首卷尾，身形健硕。符的正面突起如浮雕，背面有槽。虎身上有错金铭文9行40字："兵甲之符。右才（在）君，左在杜。凡兴士被甲，用兵五十人以上，必会君符，乃敢行之。燔燧之事，虽毋会符，行殹。"铭文字体精致优美，虽历经两千多年，仍然熠熠闪光。杜虎符上成熟的小篆书体说明，秦统一及李斯作篆前的战国时代已经存在小篆这一字体。

铭文大意是：这个兵符，右半存于君王处，左半在杜地军事长官手中，凡调兵超过50人，杜地将军的左符须与君王的右符契合验证无误后，才能调兵行动。如遇紧急情况，不必会合兵符，即可采取行动。

杜虎符

长0.095米，高0.044米，厚0.007米，重0.08千克

现藏陕西历史博物馆

从铭文内容看，这件虎符掌握在杜地的军事长官手中。杜是周代的杜伯国，秦武公十一年（前 687）成为秦国的杜县。

从史书记载中可知，秦国只有秦惠文王（前 356—前 311）一人先称君，后称王（公元前 325 年改称王）。秦朝在秦始皇时才开始称帝。结合史料和同时期的杜虎符、阳陵虎符、新郪虎符的造型、铭文内容、书体风格等分析，杜虎符是战国秦惠文王至秦昭王时期所铸造，也是目前所知铸造时间最早的秦国虎符。

虎符最早出现在春秋战国时期，当时将铜制的虎形兵符作为中央发给驻军首领或地方长官的调兵凭证。虎符上面刻有铭文，分为两半，右半存朝廷，左半发给统兵将帅或地方长官，一地一符，专符专用，调兵遣将时需要同为一组、两半背面各有榫卯的虎符完全扣合，方能生效。

近年来，秦时期的虎符在各地均有发现，如阳陵虎符、东郡虎符等。阳陵虎符，是颁发给阳陵守将的兵符，出土于山东枣庄，现藏于中国国家博物馆。东郡虎符，1953 年征集所得，现藏陕西省周至县文管所。

阳陵虎符

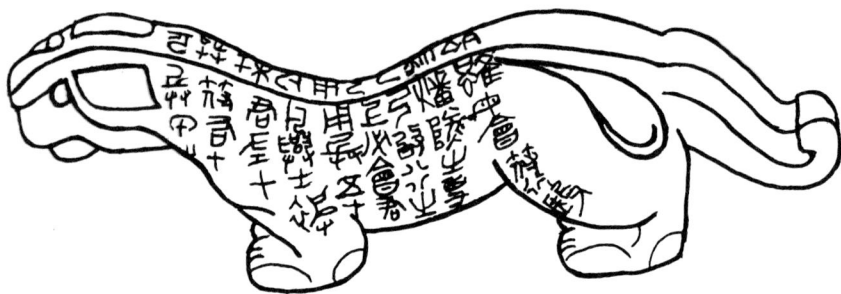

杜虎符墨线图

　　虎符作为中国古代调兵遣将的凭证，在古代战争中发挥着重要作用，也发生了很多与其相关的故事。例如广为人知的"信陵君窃符救赵"，就是魏国公子信陵君利用魏王夫人如姬窃取虎符，以此夺取魏国大将晋鄙的军权，从而大破秦兵，救了赵国的事件，说明战国时期各国国君为控制军权而实行了类似的管理制度。

　　这件杜虎符造型生动，制作精巧，反映了战国时期虎符调兵遣将制度的历史，也印证了秦国在西周杜伯国封地设杜县的史实。

　　近年来，在陕西考古出土了很多有关诚信的文物。从皇帝的玉玺，到臣子的官印，再到调兵遣将的虎符，一枚枚印章成为证明真实、表示信用的凭证。虎符历来被认为是代表兵家诚信的器物，一只很小的虎符能调动千军万马。从这件杜虎符可知，军队全部都要听从调遣，若需调动50人以上的兵力，必须有与此符相合的君王右半符，才能发挥作用。从战国错金杜虎符、秦阳陵虎符、汉玄兔太守铜虎符、汉齐郡太守虎符，到北魏河内太守虎符、六朝河南公虎符、隋常乐府铜虎符，再到唐右领军卫铜鱼符、唐龟符等，目前出土的虎符从形态到材质各不相同，这件错金杜虎符是最具代表性的文物。

高级军吏俑

三十三　秦俑坑中级别最高的铠甲俑

该俑身材魁梧，昂首挺胸，目视前方，淡定的表情和微翘的食指，显示出胸有成竹、淡定从容的气度。

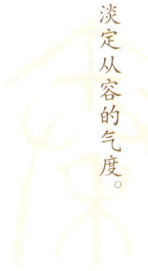

高级军吏俑，俗称将军俑，是秦兵马俑坑中出土的级别最高的俑。目前已出土十尊，十尊高级军吏俑的着装分为两类，一类为身穿编缀细密的彩色鱼鳞甲的铠甲军吏俑，一类为身着右衽交领长襦的战袍军吏俑。按姿态也分为两类，一类是双手相叠于胸前，右手压左手，食指翘起的姿势；一类是双臂下垂，左手伸张，右手半握拳的姿势。

高级军吏俑的共同特点是头戴双卷尾鹖（hé）冠，身材高大魁梧，表情自信从容。铠甲军吏俑的前胸、后背各有三朵花结，双肩也各有一朵花结，八朵彩色花结衬托出特殊的身份。

高级军吏俑

出土于秦兵马俑一号坑
高1.97米
现藏秦始皇帝陵博物院

从出土的位置看，高级军吏俑均站立于战车之后。战车上发现了钲及鼓的遗迹，表明该车是指挥作战的车辆。研究人员认为，高级军吏俑的身份应为秦代的都尉和郡尉级武官。

这件高级军吏俑头戴双卷尾鹖冠，冠带结扎于颌下。身穿双层长襦，外罩编缀细密的鱼鳞甲，甲片精细。铠甲周围有宽边，前身铠甲延伸于腰部以下，下摆呈"V"形。后背甲较短，长度只到腰部。双肩部有覆瓦形披膊，就是说披膊如同倒扣的瓦片。在甲衣的胸前、背后和双肩部位均有花结。

该俑身材魁梧，昂首挺胸，目视前方，淡定的表情和微翘的食指，显示出胸有成竹、淡定从容的气度。

秦兵马俑坑中高级军吏俑头戴双卷尾鹖冠，中级军吏俑头戴双板长冠，下级军吏俑头戴单板长冠，一般士兵不戴冠。高级军吏俑身穿彩色鱼鳞甲，中级军吏俑身穿带彩色花边的铠甲，下级军吏俑和一般士兵的铠甲没有彩色图案。

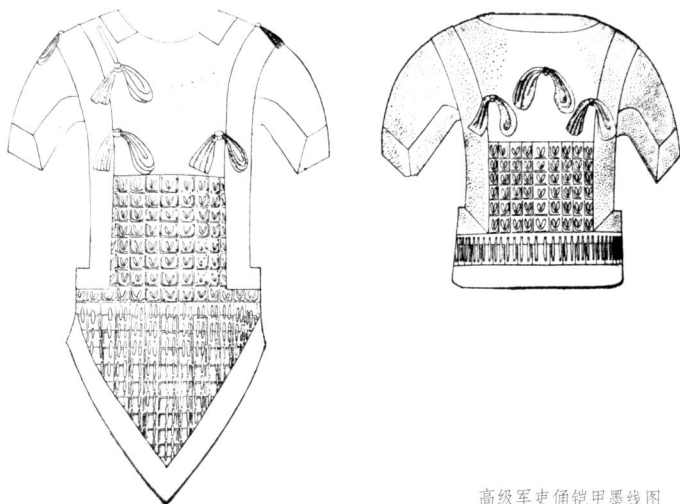

高级军吏俑铠甲墨线图

高级军吏俑正面、侧面、背面墨线图

高级军吏俑

该俑身材挺拔健壮，昂首挺胸，目光平视，沉稳老练，表现出指挥若定、满腹韬略的大将风度。

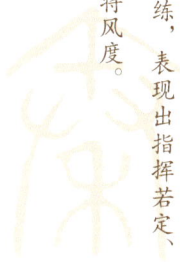

这件高级军吏俑出土于秦兵马俑一号坑 T19 方九过洞的指挥车旁。车迹附近出土青铜甬钟一件。钟是指挥军队的号令之一，正所谓击鼓进攻，鸣金收兵。

该俑头戴双卷尾鹖冠，冠带系结于颌下，带尾垂于胸前。上身穿交领右衽双层长襦，腰束革带，下身穿长裤，腿缚护腿，足蹬方口齐头翘尖履。双臂下垂，左手微屈掌，拇指向上，其余四指并拢，掌心向内，右手半握拳，手中持兵器。

该俑身材挺拔健壮，昂首挺胸，目光平视，沉稳老练，表现出指挥若定、满腹韬略的大将风度。司马迁在《史记》中引用《孙子兵法》的话说："胸有激雷，面如平湖者，可拜上将军。"就是说胸中纵然有激雷滚滚，但表面看起来仍然如同平静的湖水，这样的人可以拜为上将军。高级军吏俑能做到胜不骄败不馁，喜怒不形于色，故可拜其为"上将军"。

高级军吏俑

出土于秦兵马俑一号坑
高1.99米
现藏秦始皇帝陵博物院

高级军吏俑侧面、背面、正面墨线图

　　高级军吏俑均在脑后绾结扁髻，其方式是：将全部头发分成左右相等的两半，分别梳理整齐再拉到后脑合拢在一起，向上折略高于头顶，将高出头顶的余发绾成圆形小髻，并贯一横笄（jī，古代束发用的簪子）。头上戴冠，将小髻置于冠室内，冠上连接一近似三角形巾的条带将扁髻从后脑上部束裹，以防坠落。

　　秦兵马俑坑中出土的武士俑，头绾圆形发髻或梳扁髻，中级军吏俑头戴双板长冠，下级军吏俑头戴单板长冠，而高级军吏俑则头戴双卷尾鹖冠。鹖是一种勇猛善战的鸟，《说文解字》记载："鹖者，勇雉也，其斗时，一死乃止。"意思是鹖这种鸟非常勇猛，争斗时非要斗到一方倒下才肯罢休。古代将军为了表明自己在战场上身先士卒、英勇作战，便将鹖鸟的羽毛插在发髻上，久而久之，鹖冠就成为将军身份的标志。

高级军吏俑局部

　　秦自商鞅变法后，实行二十等级军功爵制。正是这种激励制度，极大地提升了将士们作战的积极性。当年的秦国，正是凭借这些德才兼备、智勇双全的高级军吏俑，最终横扫六合，一统天下。当我们看到这位气宇轩昂、沉稳老练的高级军吏俑，一定会想到两千多年前驰骋疆场、彪炳史册的秦国大将白起、王翦和蒙恬的赫赫战功吧。

高级军吏俑

三十五 沉静威严的武将

这件高级军吏俑双臂自然下垂，左手笼于袖中，仅露数指，右手半握拳，拳心向前，作持握兵器状。昂首挺胸，目光如炬，沉静威严。

这件高级军吏俑头戴双卷尾鹖冠，身穿双层长襦，外罩编缀细密的鱼鳞甲。下穿长裤，着护腿，足穿方口翘尖履。双臂自然下垂，左手笼于袖中，仅露数指，右手半握拳，拳心向前，作持握兵器状。面庞为长方形，络腮胡，两颊各有一撮浓须，长髯飘洒。昂首挺胸，目光如炬，沉静威严。

该俑的甲衣双肩无披膊，由前身和后身两片连缀组合而成。前身的下摆呈尖角形，四周边缘有彩绘。前身甲片分为上旅和下旅两部分。上旅分为上、中、下三段：上段位于胸部，为整片皮革，没有嵌缀甲片，通体涂粉紫色，上面绘有散点式的几何形纹样，其左右两侧各有一朵用彩带扎的花结，带头分披飘洒于胸前。中段和下段位于腰际，中段有近似方形的小甲片4排，每排有甲片9片；下段亦有近似方形的小甲片4排，每排有甲片19片，其中正面9片，左右两侧各有5片。

123

高级军吏俑

1974年出土于秦兵马俑二号坑
通高1.965米
现藏秦始皇帝陵博物院

中段和下段的每片甲片上都有"V"形联甲带和甲钉状的甲组遗痕。下旅呈等腰尖角形，缀有近似方形、长方形及不规则形的小型甲片 9 排，第一排有甲片 17 片，依次递减，至最下尖角处只有甲片 1 片。甲片上有组带连缀后显露在外面的针脚纹，状似甲钉；上下排甲片之间用双行朱红色带连缀，以增加下旅活动甲片的强度，更结实耐用。

　　后身的背甲也分为上旅和下旅两部分，上旅部分分为上下两段，上段包括后背及双肩，为整片皮革，未嵌缀甲片，上面有三朵用彩带扎的花结，带头分披飘洒；领缘及左右两侧的边缘上绘着几何形的图案花纹；双肩各有一朵用彩带扎的花结，带头如同流苏。上旅的下段有近似方形的小型甲片 5 排，前 4 排每排有甲片 7 片，最后一排有甲片 17 片，每排甲片上有朱红色的"V"形联甲带及甲钉形的组带针脚纹。下旅有甲片 2 排，每排有甲片 17 片。

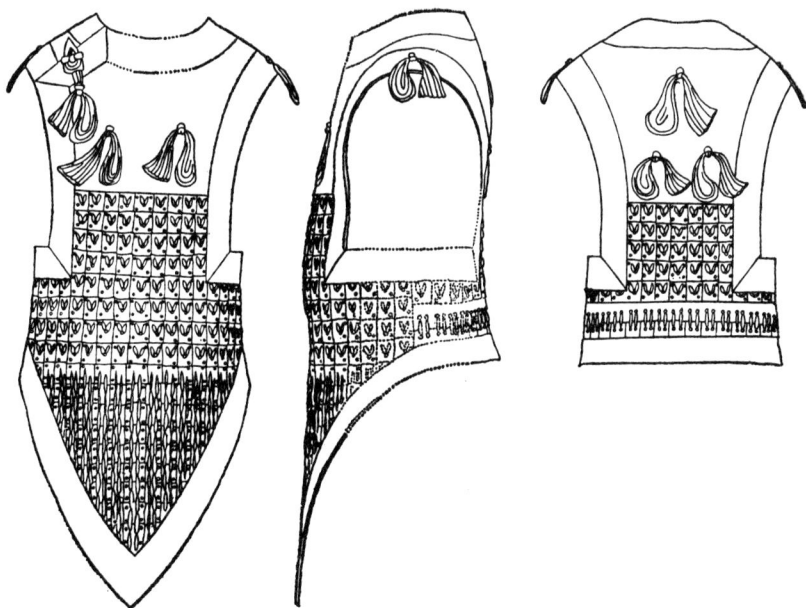

高级军吏俑铠甲正面、侧面、背面墨线图

甲衣的上下排甲片之间用双行组带连缀。下旅的底边绘有彩色的宽带形花边。前身和后身两片连成一体，在右上侧肩与胸的交接处开口，开口处有纽扣扣结，纽扣的下端与一个用彩色条带扎的花结相连，花结的带头分披飘洒，前胸和肩、背部分共有彩带扎的花结八朵。

高级军吏俑面部

高级军吏俑

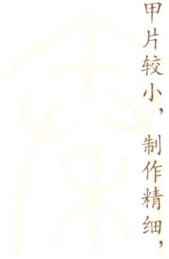

　　这件高级军吏俑头戴双卷尾鹖冠，身穿双层长襦，外罩编缀细密的鱼鳞甲，甲衣的胸前、背后、双肩部皆有花结。下穿长裤，着护腿，足穿方口翘尖履。面庞为长方形，两颊各有一撮浓须，长髯飘洒。双臂自然下垂，右手收进袖口内，左手半握拳作提弓状。

　　该俑的甲衣由前身甲和后身甲连缀组合而成，双肩无披膊，铠甲的四周有彩绘宽边缘。前身甲分为上旅和下旅两部分，上旅为胸甲，是固定甲片，下旅为腹甲，是活动甲片。胸甲有 7 排，每排 7 片铠甲。腹甲为倒三角形，共有 9 排，第一排有 17 片甲片，之后每排甲片依次减少，最后一排是 1 片。甲片上有组带连缀后显露在外面的针脚纹，上排与下排甲片之间用双行朱红色带连缀，以增加下旅活动甲片的强度，使之更加坚固。后背甲的下端平直，长度只到腰部。这类甲衣的特征是甲片较小，制作精细，色彩艳丽，一般是黑褐色的甲片，配朱红色联甲带，甲衣的周围留有宽边，宽边是白色底上绘制绚丽的几何形图案花纹。

高级军吏俑

出土于秦兵马俑二号坑
高1.96米
现藏秦始皇帝陵博物院

高级军吏俑面部

　　秦军的铠甲是分等级的，高级、中级、下级军吏及一般武士俑各有不同形制的甲衣，区别明显，一眼看去便知职位高低。这套系列化的甲衣，不见于文献记载，以往的考古资料也没有出现过。关于鱼鳞甲，有学者认为始创于汉代。袁仲一先生认为，秦兵马俑坑中高级军吏俑的甲衣，是在大片皮革上嵌缀细小甲片，这就是鱼鳞甲的初始形态。

　　这件高级军吏俑身材高大魁梧，昂首挺胸，目视前方，表情淡定从容、沉稳刚健，显示出胸有成竹、指挥若定的大将风度。

高级军吏俑

这件高级军吏俑身材匀称，昂首挺胸。它的面部表情自信从容，目光略微下视。

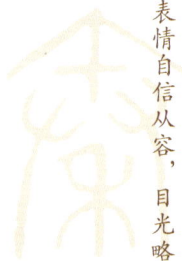

这件高级军吏俑身材匀称，昂首挺胸。它的面部表情自信从容，目光略微下视，额头上有三道皱纹，双唇紧闭，唇上有"八"字形胡须，脸颊部有梳理整齐的短须。

头戴双卷尾鹖冠，冠带系于颔下，带尾呈"八"字形张开。身着双层长襦，外披编缀细密的彩色鱼鳞甲，双肩无披膊。甲衣的周边有彩绘几何形图案花纹，花纹已脱落。下穿长裤，足蹬方口翘尖履。袖口半绾，小臂以外均裸露在外，双手交叠于腹前，右手食指微微翘起，握住左手掌，双手作拄剑状。

这件高级铠甲军吏俑的前身甲较长，下摆略呈等腰的尖角形，下缘及腹下；后身较短，下缘平直，仅及腰际。身甲似为整片皮革做成，前身在胸部以下、后身在腰际嵌缀鱼鳞状的小型甲片。前胸和后背部分没有嵌缀甲片，上有绘彩，并有几朵用彩带绾结的花结。

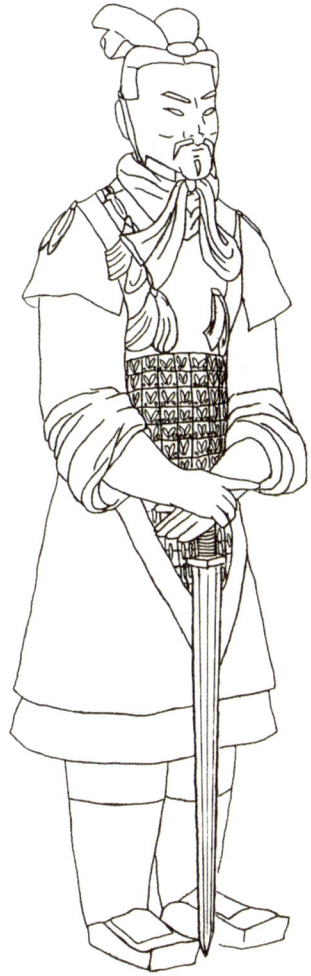

墨线图

高级军吏俑

出土于秦兵马俑二号坑

高1.97米

现藏秦始皇帝陵博物院

袁仲一先生经过多年研究并绘制了复原后的彩色甲衣：身穿双层长襦，外层为黑色，里层为深红色，外罩编缀细密的彩色鱼鳞甲，由上旅固定甲衣和下旅活动甲衣组成，上旅甲衣共有 7 排，每排有甲片 9 片，下旅甲衣为倒三角形，共有 9 排，第一排有 11 片甲片，之后各排甲片逐渐减少，最后一排只有甲片 1 片。下穿浅蓝色长裤，足穿黑色方口翘尖履。

　　关于高级军吏俑的服色，在二号坑 T4 试掘方出土的一尊高级军吏俑，身穿双重长襦，外层为深紫色，内层为朱红色。下穿粉绿色长裤。头戴褐黑色冠。外穿彩色鱼鳞甲，甲上有精美的图案。在一号坑 T2 方出土的另一高级军吏俑，上身穿粉紫色长襦，下穿粉红色长裤。

高级军吏俑铠甲墨线图

高级军吏俑色彩复原图

　　袁仲一先生认为秦军服色表现出两个明显的特点：第一，秦代的军队没有统一的服装颜色。车兵、步兵、骑兵三大兵种的服装颜色没有统一的规定，每一兵种内部成员的服装颜色也不一样，甚至一辆战车上的三件俑的服装颜色也不一致。总之，秦军服装的颜色是多种多样，各随所好，不拘一格。为什么会这样呢？这是因为秦军的服装都是自备的，而不是由政府统一发放的。第二，秦军中有官职的人和一般战士的服装在装束上虽没有明显的等级区分，但在冠式与铠甲上却有严格的划分。高级军吏俑头戴鹖冠，中级军吏俑头戴双板长冠，下级军吏俑头戴单板长冠，一般士兵不戴冠。高级军吏俑身穿彩色鱼鳞甲，中级军吏俑身穿带彩色花边的铠甲，下级军吏俑和一般士兵的铠甲没有彩色花边。

中级军吏俑

该俑体形匀称，方扁面庞，双颊有两片浓髭，鬓角头发辫成索状隆起在额的两角，是秦俑中少见的形象。

这件中级军吏俑头戴双板长冠，身穿右衽交领长襦，外披带彩色花边的前胸甲，没有背甲和披膊，甲衣的周边及背带上有几何形的彩绘纹样，出土时彩绘已脱落。下穿长裤，足蹬方口翘尖履。双臂下垂，左手在左腰侧半握，持物不明，右手握弓。该俑体形匀称，方扁面庞，双颊有两片浓髭，鬓角头发辫成索状隆起在额的两角，是秦俑中少见的形象。

中级军吏俑按照服饰可分为铠甲军吏俑和战袍军吏俑。铠甲军吏俑的铠甲样式和制作工艺均有别于将军俑，甲片偏大，更接近于武士俑所穿铠甲。

军吏俑的甲衣有的是背带式的前胸甲，有的是前后摆平齐且带彩色花边的鱼鳞甲，有的是普通的甲衣。在战争中，身穿彩色鱼鳞甲的中级军吏俑要身先士卒，带领士兵冲锋陷阵，需要更多的防护。

中级军吏俑

出土于秦兵马俑一号坑

高1.89米

现藏秦始皇帝陵博物院

三十九 温文尔雅的军吏

中级军吏俑

该俑身材匀称，身姿挺拔，目光前视，表情严肃。

　　该俑头戴双板长冠，冠带系于颔下，带尾飘洒在胸前。身穿右衽交领长襦，外披带彩色花边、下摆平齐的彩色鱼鳞甲，肩部有披膊，下穿长裤，足蹬方口翘尖履。双臂下垂，左手在腰侧半握拳，作握长兵器状，拳心向上，右手在右腰侧半握拳，拳心向前。该俑身材匀称，身姿挺拔，目光前视，表情严肃。

　　秦兵马俑坑出土的实物证明，头上戴不戴冠是区别武士俑与军吏俑的标志之一。长冠是中下级军吏级别陶俑所戴的冠饰，形状有单板长冠和双板长冠两种，冠饰因身份、等级、军种的不同而式样有别。单板长冠如梯形板状，长15.5~23厘米，前端宽6.5~10.5厘米，后端宽13.5~20.3厘米。前半段平直，后半段扬起略呈45度角，尾端下折如钩。在下钩部分的左右两端各有一个三角形的板封堵，构成一个楔形槽状的冠室，也有不用板封堵者，这样便成为两端不封闭的楔形槽状的冠室。还有极个别的冠，冠尾下折后形成螺旋形卷曲，扁髻的顶端罩于冠室内。双板长冠的形状与单板长冠相同，大小宽窄相似，所不同的仅是在冠的正中有一条纵行缝，说明它是由左右两片大小长板并列拼合而成的。

中级军吏俑

出土于秦兵马俑一号坑
高1.9米
现藏秦始皇帝陵博物院

四十 下级军吏俑

身着铠甲的基层指挥官

下级军吏俑的身材虽然不如高级军吏俑那样粗壮健硕，但整体比较高大，肩部宽厚，腹部微鼓，神情肃穆，威风凛凛。

下级军吏俑是秦国军队中最基层的指挥官，在秦兵马俑坑中出土较多。目前已发掘并修复完成 33 件，均出土于秦兵马俑一号坑，其中 29 件身穿铠甲，4 件未穿铠甲。下级军吏俑一般头戴单板长冠，左手下垂或作持剑状，右手作持戈、矛等长兵器状，身姿挺拔，神态英武。

研究人员从已出土 33 件俑的着装分析，下级军吏俑铠甲的甲片一般比武士铠甲的甲片小，札数多，但与高级军吏俑和中级军吏俑的甲片相比，其甲片略大，甲的四周既没有宽边缘，也没有彩绘花纹图案，规格比高级军吏俑和中级军吏俑的甲衣低一些。

下级军吏俑

出土于秦兵马俑一号坑
高1.84米
现藏秦始皇帝陵博物院

下级军吏俑除了服饰与高级军吏俑不同外，身材、精神和气度上也有差异。下级军吏俑的身材虽然不如高级军吏俑那样粗壮健硕，但整体比较高大，肩部宽厚，腹部微鼓，神情肃穆，威风凛凛。

下级军吏俑面部

这件下级军吏俑头戴单板长冠，梳扁髻，身穿长襦，外披铠甲，左臂下垂，左手半握，持物不明，右手在右腰侧半握，拳心向上，持长兵器。目光平视，表情严肃。

下级军吏俑甲衣

　　下级军吏俑甲衣不是由整块皮革做成的，而是由甲片直接连缀而成的，内侧还有可能衬有垫板，甲衣的甲片大，甲衣上也没有彩色的花边。这种甲衣由前身甲、背甲和披膊三部分组成，周围没有宽边包裹的边缘。前身甲和背甲下摆边缘均呈圆弧形。前身甲的长度各不相同，背甲比前身甲略短，披膊呈覆瓦形。整个甲衣共有甲片195~229片。甲片有方形、长方形和不规则形几种。甲片的颜色均为褐黑色，联甲带为朱红色，甲片上显露在外面的甲钉状的组线有朱红色、粉绿色和白色三种。

下级军吏俑

该俑身姿挺拔，方形脸庞，眉梢上扬，宽鼻头，阔嘴唇，目光平视，神情沉着稳健。

该俑身穿战袍，也是战袍军吏俑。头戴单板长冠，冠带系于颔下，带尾呈"八"字形分张。身穿交领右衽长襦，长度及膝，腰间束带。下身穿长及膝盖的短裤，腿扎行滕（裹腿），足穿方口齐头翘尖履，履带紧紧系结于足腕。左臂自然下垂，左手伸张，右手在右腰间半握，作握持兵器状。身姿挺拔，方形脸庞，眉梢上扬，宽鼻头，阔嘴唇，目光平视，神情沉着稳健。

头上是否戴冠以及冠的不同形状，是区别一般士兵与军吏的重要标志。下级军吏俑头戴单板长冠，中级军吏俑头戴双板长冠。下级军吏俑一般头梳扁髻，有的身着战袍，有的外披铠甲，下穿短裤，腿上扎行滕或缚护腿，足穿方口翘尖履或短靴。

下级军吏俑

出土于秦兵马俑一号坑

高1.88米

现藏秦始皇帝陵博物院

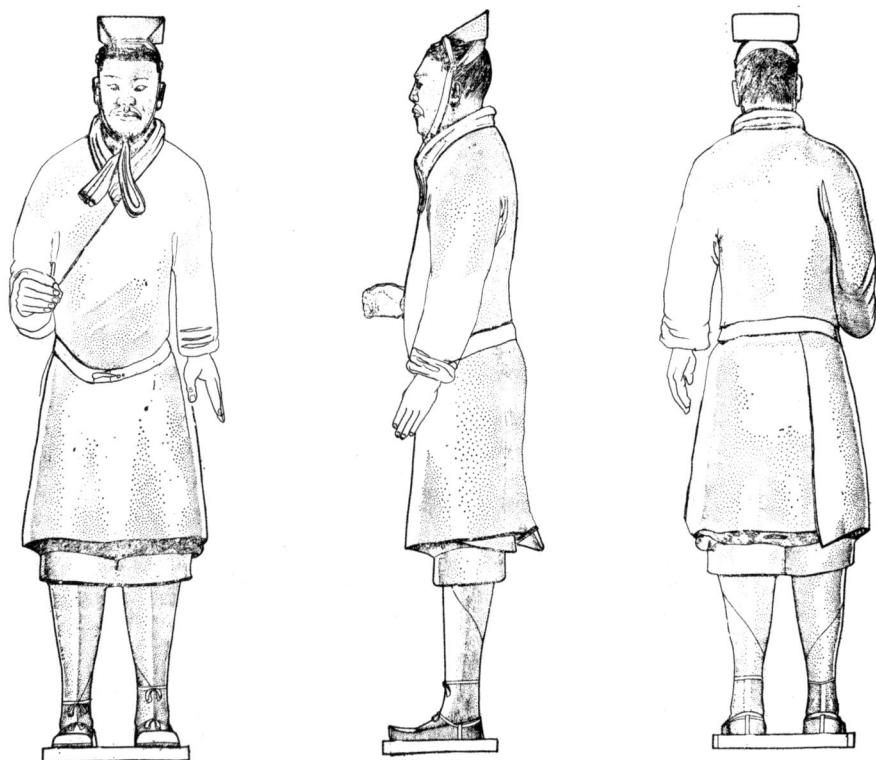

下级军吏俑正面、侧面、背面墨线图

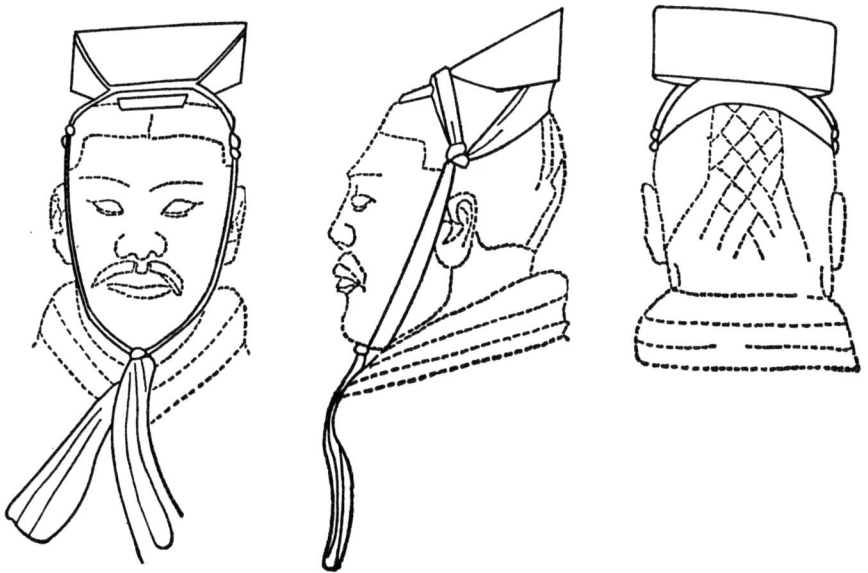

下级军吏俑冠式墨线图

　　秦兵马俑坑出土的下级军吏俑均戴单板长冠。冠的形状如梯形板状,冠前半段的平板和扬起部分,分别压在额发和顶发上。冠上有环套形带,环套的前端压于冠前端的平板上,后端攀于后脑扁髻的中腰(头枕骨部分)。另有两根条带,其上端与环套形带相连系结在一起,然后两根条带沿着面部双颊下引系结于颌下,带尾垂于颈前。这样就把冠固定在头顶上了。冠和冠带可以起到压发和约束发髻的作用,以防发髻滑脱。

战袍武士俑

这件战袍武士俑穿右衽齐膝长襦，腰束革带，下穿短裤，双臂下垂，左手伸张，右手半握，作持兵器状。

战袍武士俑又称轻装步兵俑，在秦兵马俑坑中出土 433 件，其中一号坑 397 件，二号坑 36 件。此类俑多位于前锋部位或阵表，装束简洁轻便，利于快速行动。

战袍武士俑一般上身穿右衽齐膝长襦，腰束革带，下穿短裤，腿扎行縢或缚护腿，足蹬方口翘尖履或短靴。头顶右侧梳圆形发髻，多数俑背负矢箙，手持弓弩，少数俑手持戈、矛等长兵器。

这件战袍武士俑穿右衽齐膝长襦，腰束革带，下穿短裤，双臂下垂，左手伸张，右手半握，作持兵器状。

战国时代，重装步兵是步兵的主要作战力量。秦兵马俑军阵实际情况也反映了这一历史现实，俑坑中出土的重装步兵俑数量较多，轻装步兵俑的数量较少。

秦兵马俑一号俑坑东侧的前锋军阵都是轻装步兵俑，军阵的主体部分是重装步兵俑。二号俑坑东端的独立步兵俑方阵，分为阵心和阵表（四旁）两部分，阵心为跪射的重装步兵俑，阵表为立射的轻装步兵俑。这说明在排兵布阵时，轻装步兵俑位于军阵的前锋或阵表，重装步兵俑位于军阵的阵心，是军阵的主体。

秦兵马俑坑中的战袍武士俑，手持实战武器，免盔束发，英姿勃发，显示出勇猛善战、视死如归的气概。它们队列整齐，千人千面，穿越两千年时光阻隔，真实地呈现在我们面前。

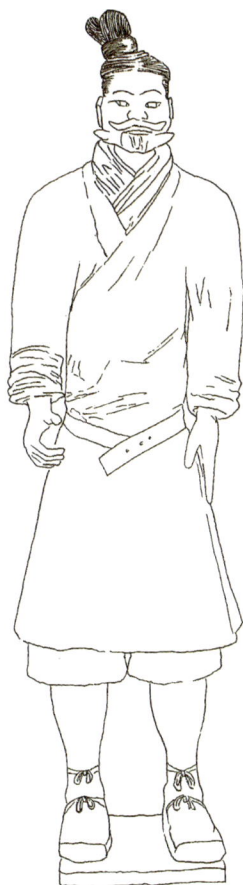

墨线图

战袍武士俑

出土于秦兵马俑一号坑
高1.9米
现藏秦始皇帝陵博物院

战袍武士俑

秦兵马俑坑中的战袍武士俑免盔束发、腰束革带、轻装上阵，体现出战士们怯于私斗、勇于公战的社会风尚。

这件战袍武士俑身穿右衽齐膝长襦，腰束革带，下穿短裤，足蹬方口翘尖履。双臂下垂，左手伸张，右手半握，作持兵器状。头顶右侧绾圆丘形发髻，发髻根部用发带紧紧扎束，发带末端呈扇形展开。腹部微微突起，表情严肃庄重，目光坚定，双唇紧闭，凛然不可侵犯。这种表情是秦兵马俑坑中多数士兵的表情。

秦兵马俑坑中的战袍武士俑免盔束发、腰束革带、轻装上阵，体现出战士们怯于私斗、勇于公战的社会风尚。秦自商鞅变法以来，士兵在战场上只要斩获敌军就能获得相应的军功和田宅、奴婢等奖赏。这一政策的实施，极大调动了士兵作战的积极性。在战场上，将士们舍生取义，奋不顾身，无时无刻不为荣誉而战。

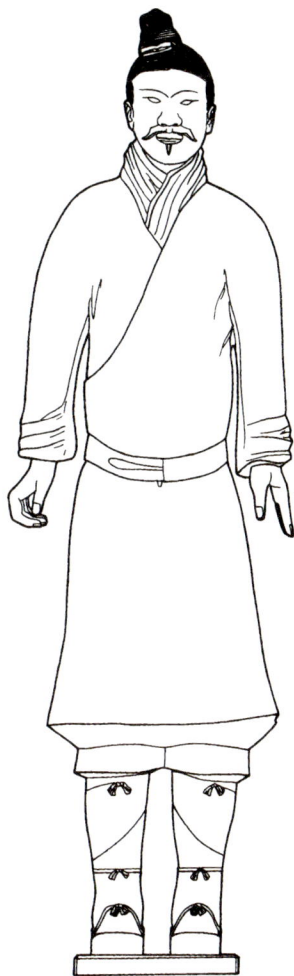

墨线图

战袍武士俑

出土于秦兵马俑二号坑

高1.89米

现藏秦始皇帝陵博物院

圆髻铠甲武士俑

这两件典型的圆髻铠甲武士俑均在头顶右侧梳着圆锥形发髻，身穿齐膝长襦，外披黑褐色铠甲。

　　圆髻铠甲武士俑是身穿铠甲、头梳圆髻的步兵俑。秦兵马俑坑中的铠甲武士俑按照不同发髻可分为圆髻铠甲武士俑、扁髻铠甲武士俑和介帻（zé，头巾）铠甲武士俑。

　　这两件典型的圆髻铠甲武士俑均在头顶右侧梳着圆锥形发髻，身穿齐膝长襦，外披黑褐色铠甲，有覆瓦形披膊。双臂下垂，左手伸张，右手半握，拳心向前，作持握兵器状。脚穿薄底单梁圆头短靴。这种靴是由三片皮革缝合而成，靴帮连同靴筒为形制相同、大小相等的左右两片，靴底为一片。制作时先将两片缝合在一起形成靴帮和靴筒，靴面正中形成一条合缝，合缝处押着锯齿形的绦组，然后再缝合靴底，靴筒上留有开合口，以便穿脱。

　　第一件圆髻铠甲武士俑为国字形脸，浓眉大眼，宽鼻头，厚嘴唇，身姿健壮挺拔。第二件圆髻铠甲武士俑为瓜子形脸，发髻根部用发带束扎后在头顶翻飞展开，袖口绾结至手腕处，昂首挺胸，身材健硕，让人联想到秦代力士乌获、孟奔的形象。

俑一

俑二

圆髻铠甲武士俑

出土于秦兵马俑一号坑
俑一高1.96米，俑二高1.97米
现藏秦始皇帝陵博物院

秦兵马俑坑出土的战袍武士俑和一部分铠甲武士俑，都在头顶的右侧梳着圆锥形发髻。文献中对这种发型没有准确的名称记载，学者根据头发盘结形状称其为圆髻。圆髻铠甲武士俑的共同特征是身穿齐膝长襦，外披褐黑色铠甲，头顶梳着圆锥形发髻，有的手中持弓弩，有的持戈、矛、戟等长兵器。

　　圆髻发辫的盘结方式多种多样，有的是三条发辫盘结在一起呈十字交叉形，有的是"丁"字形、"卜"字形、"大"字形、"一"字形、枝丫形、倒"丁"字形等，其中以十字交叉形和枝丫形的数量最多。以十字交叉形为例，圆髻绾发需要五步：一、将两鬓及后脑头发各编成一根三股小辫，将余发拢于头顶右侧。二、将后脑小辫上提与顶发合拢，用发绳束扎。三、将双鬓小辫绾结在后脑小辫上，并用发卡固定。四、将余发绾成半环，并绕环右旋一周。五、将发梢穿过发环，用发带束扎。这种圆髻发辫盘结在脑后，不仅整齐美观，而且还起到束发作用。

圆髻发式

圆髻发辫盘结墨线图

扁髻铠甲武士俑

四十五 时尚美观的发式

这类俑一般身穿长襦，外披铠甲，脑后梳六股宽辫式发髻，手中有的持弓弩，有的持戈、矛、戟等长兵器。

扁髻铠甲武士俑是身穿铠甲、头梳六股宽辫式发髻的步兵俑。这两件扁髻铠甲武士俑身穿齐膝长襦，外披黑褐色铠甲，有覆瓦形披膊，下着短裤，腿扎行滕，脚穿薄底单梁圆头短靴。双臂下垂，左手伸张，右手半握作持兵器状。仔细观察，能看到陶质铠甲采用浅浮雕形式，逼真写实，生动形象，甲片大小、叠压顺序以及连缀方法，都十分清楚。

第一件扁髻铠甲武士俑为方形脸庞，浓眉大眼，目光下视，表情庄重，身姿挺拔，腰部铠甲残留有红色彩绘。在陶俑甲片第二排左胸处有陶文"宫徐"二字，第一个字"宫"表示制作这件陶俑的工匠来自秦中央官署制陶作坊，也就是宫廷制陶作坊，"徐"是制俑工匠的名字。第二件扁髻铠甲武士俑为瓜子形脸，双目有神，体形匀称，机灵干练。

俑一

俑二

扁髻铠甲武士俑

出土于秦兵马俑一号坑
俑一高1.85米，俑二高1.85米
现藏秦始皇帝陵博物院

扁髻发式

　　目前秦兵马俑坑出土扁髻铠甲武士俑的数量较多，主要集中在一号坑第四、第八过洞内。这类俑一般身穿长襦，外披铠甲，脑后梳六股宽辫式发髻，手中有的持弓弩，有的持戈、矛、戟等长兵器。其装束与圆髻铠甲武士俑近似。这种发型比较特殊，其编法是先把头发全部辫成六股宽辫，反折叠贴于脑后，然后用发卡固定，发髻的末端用笄贯穿束紧，以免末梢头发滑脱。

扁髻的形状有两种：一是六股宽辫形扁髻，二是不编成宽辫形的扁髻。梳六股宽辫形扁髻的陶俑一般都戴冠式，把扁髻顶端圆锥形小髻置于冠室中。头戴鹖冠的高级军吏俑并不梳成六股宽辫形的扁髻，而是将头发全部拢于脑后上折，然后把余发盘结成圆锥形小髻，最后用笄固定。

　　秦俑发髻上扎有发带、发绳和发卡。发带的质地轻软，像是丝织品，颜色多为橘红色或朱红色。束发后发带两端的带头飘洒于头顶的前侧，动感十足。发绳是用三股绳拧成，颜色有朱红色和粉紫色，其中朱红色最多。发卡的形状一般是正方形，似为白色的骨制品。

　　走近秦兵马俑军阵，与史书记载中骁勇善战的秦军战士面对面时，我们会看到勇士们严阵以待、神情肃穆。扁髻铠甲武士俑的发辫梳理整齐,发辫的盘结方式、发卡发带的位置以及头上发丝清晰可见。秦国工匠用陶塑的形式，定格了一个个秦军将士的形象，让人印象深刻。

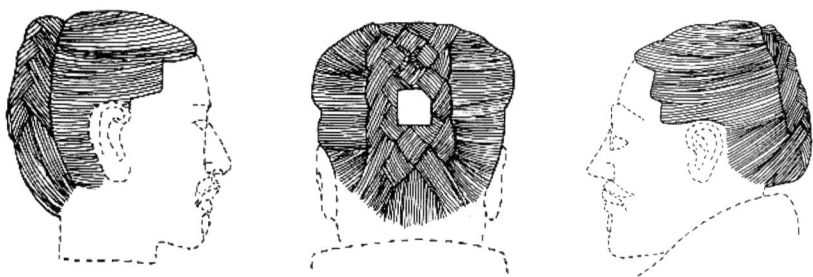

扁髻发式墨线图

介帻铠甲武士俑

四十六 头戴软帽的士兵

介帻铠甲俑一般身穿长襦，外披铠甲，头顶右侧绾着圆锥形发髻，上罩尖顶的圆形小帽（介帻）。

这件铠甲武士俑属于介帻铠甲俑。身穿齐膝长襦，外披褐黑色铠甲，有披膊。双臂自然下垂，半握拳，拳心向前，作持兵器状。挺胸昂首，目光前视，面部英俊，蓄双角下垂的八字胡，下颏留一小撮胡须。头顶右侧绾着圆丘形发髻，戴着圆锥形的软帽，古名介帻。

介帻铠甲俑一般身穿长襦，外披铠甲，头顶右侧绾着圆锥形发髻，上罩尖顶的圆形小帽（介帻），介帻为形似圆锥的软帽，在软帽的后边沿或其左右的一侧开一个三角形的叉口。叉口的下侧两端各有一条组带，互相交结系扎。帽的顶端尖锥正好罩住圆形发髻，帽的下沿至发际，把发髻和头发全部罩在帽内。开叉处的组带系扎后，使软帽紧紧包裹在头上，不易被风吹动滑脱。

介帻铠甲武士俑

1974年出土于秦兵马俑一号坑
高1.83米
现藏秦始皇帝陵博物院

武士俑是秦代军队中普通士兵的形象，秦兵马俑一、二、三号坑中出土众多武士俑，根据装束不同，可以分为铠甲武士俑和战袍武士俑。身穿铠甲的武士俑属于重装步兵俑，身穿战袍的武士俑属于轻装步兵俑。根据它们在俑坑中的位置分析，有的是跟随战车的隶属步兵俑，有的是独立步兵俑，每件步兵俑都手持实战性兵器。

结合秦俑的具体形象来看，介帻就是软布小帽。二号兵马俑坑战车上的三名甲士戴赤帻，可见该帽是秦国甲士的一种束发小帽。

介帻铠甲武士俑侧面　　　　　　　　　　介帻铠甲武士俑背部

立射武士俑

严谨认真的士兵

这件立射俑为我们展现了一个持弩拉弓的瞬间动作，年轻稚气的面庞、坚定自信的眼神和绷嘴屏气的神态，给人一种初生牛犊不怕虎的感觉。

立射武士俑简称立射俑，是站立射箭姿势的轻装步兵俑。目前在秦兵马俑一、二号坑中出土 173 件，其中一号坑出土 1 件，二号坑出土 172 件。

秦俑二号坑的最东端是弩兵阵，这个方阵是由 172 件身着战袍的轻装立射俑和 160 件身穿铠甲的重装跪射俑组成。立射武士俑位于弩兵阵外围的长廊内，跪射武士俑位于中间的四条过洞内。

这件立射武士俑头顶右侧绾圆形发髻，左脚向左前方迈出半步，双脚略呈丁字步，左腿微弓，右腿后绷，左臂半举，右臂横屈胸前，手掌伸张，头和身体微微转向左侧。双目平视左前方，表情严肃。根据出土遗迹分析，俑所持弩为木质，出土时已朽，仅遗留铜质弩机和箭镞。

立射武士俑

1976年出土于秦兵马俑二号坑
高1.84米
现藏秦始皇帝陵博物院

弩机比弓射程更远，射击目标更准，杀伤力更强，既能强攻，也能守卫。研究表明，秦代弩机的射程为 200 余米，在冷兵器时代属杀伤力非常强的武器。战国至秦代，弓弩手要经过严格训练，才能成为合格的战士。

　　立射武士俑属于轻装步兵俑，大多数位于二号坑弩兵方阵的阵表部位。古代弓弩手引弓发射时多采用立姿，拈弓搭箭时多采用下蹲姿势，这样便可轮番发射，连续杀敌，秦俑二号坑弩兵方阵反映的就是秦军的这种实战战术。《吴越春秋》记载："射之道，左足纵，右足横，左手若扶枝，右手若抱儿，此正持弩之道也。"就是说弓弩手在射箭之前，要昂首挺胸，左足纵置，右足横置，左手紧握弩臂，右手搭箭如抱婴孩；发射时，举弩望敌，心要静，气要顺，集中注意力，右手击发要平稳，使左手感觉不到抖动。而要做到这一步，非一朝一夕所能奏效，必须经过长期的专门训练。

立射武士俑面部

立射武士俑动作分解图

　　文献记载："弩张缓慢，临敌不过三发"。就是说在作战时，弓弩兵最多射击三番，敌人就会到达面前。因此，为了节约搭弓射箭的时间，弓弩手通常分为立姿和站姿，二者轮番交替进行射击，这样一起一伏的作战方式，可以大大提高弓箭手的杀伤力，从而达到压制敌人的目的。

　　秦兵马俑二号坑出土的立射武士俑，生动展示了古书中对射击姿势的描述。仔细观察，这件立射俑为我们展现了一个持弩拉弓的瞬间动作，年轻稚气的面庞、坚定自信的眼神和绷嘴屏气的神态，给人一种初生牛犊不怕虎的感觉。它双脚呈丁字步站立，前腿微弓，后腿紧绷，双臂一上一下呈拉弓姿态，仿佛正在等待将领的一声号令，随后便提弓射击，御敌于千里之外。这件立射俑的姿势，说明秦代步兵的立射技术已经规范化，并被后代所继承。

跪射武士俑

四十八 训练有素的士兵

跪射俑身上铠甲塑造逼真，一丝不苟，甲片的叠压方式和人体的运动方向一致，使得弯腰、扩胸或抬臂都灵活自如。

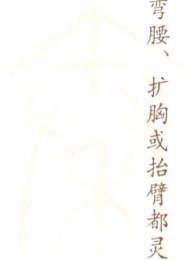

跪射武士俑简称跪射俑，共出土 160 件。在跪射俑出土的二号俑坑内还出土了骑兵、鞍马、战车和步兵（包括弩兵）等。

跪射俑在发现初期也称跪式背弓俑、蹲跪俑、蹲姿甲俑。这种姿势是古代军事训练中的单兵动作。《尉缭子》中说，阵形中有立阵、坐阵，"立阵所以行也，坐阵所以正也"。因此，跪射俑常用于兵阵中的坐阵。立阵之应用，有两种情况，一是军情不稳，需要稳定军心，整顿队伍，另一种情况是等待战机。秦俑二号坑中跪射俑和立射俑组成一个方阵，属于待机而战之类。

弓弩的射击姿势有立姿和跪姿两种，在列阵射击时要轮番出击。古文献中记载："临敌不过三发"。而这样一起一伏轮番射击，矢如雨注，便会使敌人无法逼近。

跪射武士俑

出土于秦兵马俑二号坑
高1.28米
现藏秦始皇帝陵博物院

跪射武士俑出土原状

这件跪射武士俑身穿战袍，外披铠甲，左腿蹲屈，右膝着地，双手置于身体右侧，作握弓弩待发状，周围还发现了大量铜镞、腐朽的木弓遗迹和少数铜剑鞘头等，证明跪射俑原持有弓箭和铜剑。

跪射俑身上铠甲塑造逼真，一丝不苟，甲片的叠压符合实战要求。胸部的甲片是上片压下片，腹甲是下片压上片，臂甲也是下片压上片，叠压方式和人体的运动方向一致，使得弯腰、扩胸或抬臂都灵活自如。头上发辫的编结方法、发带的花结走向一目了然。单膝跪地的动作，让一个鞋底自然地露出来，脚后跟和脚掌的针脚密，脚心部位的针脚粗疏，符合脚掌的受力原理，如今布鞋的千层底也是采用同样的办法，既省工又耐磨。鞋带一一穿过鞋帮上的三个襻，牢牢地系在脚面上，很好地解决了鞋子不跟脚的问题。工匠将生活中的细枝末节真实表现在跪射俑身上，这种写实手法让我们看到了秦代军人的面部表情、着装打扮、武器装备等真实状况。

在制作方面，跪射武士俑与其他陶俑相比，其表情神态和发髻的塑造更加写实严谨，而且连甲片、鞋底等部位的刻画也生动传神，令人惊叹。跪射俑印证了秦军在冷兵器时代拥有弩兵兵种的历史事实，是古代步兵战术动作的生动图谱，是研究中国军事史的珍贵资料。

彩绘跪射俑

四十九 弥足珍贵的彩俑

黝黑的发丝、深红的发带、淡粉色的面庞、黑白分明的眼睛，瞬间赋予武士鲜活的生命。

1999 年，在秦兵马俑二号坑出土了数十件彩绘保存较好的跪射俑，考古人员与文物保护人员就此联合展开研究工作。首先分析彩绘成分，制定方案，文保人员深入考古发掘现场，第一时间对陶俑身上残留的彩绘予以保护处理，尽可能保存秦俑的色彩。于是，当秦兵马俑再次出现在观众面前时，就不再是灰头土脸的铅灰色，而是五彩缤纷、分外绚丽的彩绘陶俑了。

秦俑之美，美在色彩。彩绘俑之美不仅体现在整体渲染方面，还表现在细微之处。黝黑的发丝、深红的发带、淡粉色的面庞、黑白分明的眼睛，瞬间赋予武士鲜活的生命。黑褐色的铠甲、深蓝色的长襦、朱红色的裤子，多种色彩的对比使用，给人一种强烈的视觉冲击。

彩绘跪射俑

出土于秦兵马俑二号坑

高1.29米

现藏秦始皇帝陵博物院

在众多的彩绘中，有一种人工合成的紫色颜料尤为引人注目。这种颜料最早是在汉代的墓葬中发现，被称作"汉紫"。秦俑彩绘的发现，将这种色彩的历史提前到了秦代。这种主要成分为硅酸铜钡的紫色颜料是我国古代所特有的，所以又被称为"中国紫"。人工合成紫色颜料的发现，引起了文物界的关注。有专家认为它是源于"埃及蓝"的"舶来品"，但研究表明"中国紫"和"埃及蓝"不论是在成分上还是在制作工艺上，都存在一定的差异。"中国紫"的主要成分是硅酸铜钡，而"埃及蓝"的主要成分却是硅酸铜钙。在烧制过程中，形成两种颜料所需的温度也不同，"中国紫"的形成温度要高于"埃及蓝"。因此，"中国紫"和"埃及蓝"虽然成分相近，但却是两个地区自主研制并各自使用的颜料，两者并无直接的关联。

研究发现，"中国紫"制作工艺极为困难，需要将石青、石绿、重晶石和石英等多种物质混合在一起，使用铅化合物作为助熔剂，并在 1000 摄氏度的高温下经过长时间的催化反应才可以获得。正因为"中国紫"在自然界中并不存在，是经过步骤复杂的化学反应才烧制而成的，所以更显得珍贵。这项研究还原了"中国紫"的合成方法，揭示了古代颜料背后的奥秘。

文物工作者在分析彩绘成分及损坏机制后制定对策，及时采取保护措施，最大限度保护残留的彩绘。研究表明，秦兵马俑在烧制完成后，先在陶俑表面涂一层生漆，等待漆干后，再涂上用动物或植物胶调和的矿物颜料。经过试验，研究人员找到了彩绘脱落的原因：一是在陶俑刚出土剥离俑身上的土时，一部分彩绘被土带走了；二是留在陶俑身上的彩绘脱水。脱水是由于生漆老化造成的。生漆是有机质，经历 2000 多年已经老化严重。陶俑从土中清理出来之后，彩绘很容易脱落。因此，保护彩绘的关键点是，考古发掘人员在剥离土层时，绝对不能把彩绘剥掉。为了解决彩绘生漆老化的问题，专门成立了"秦俑彩绘保护技术研究"攻关小组，该小组在 1997 年取得了突破性进展，找到了加固彩绘的关键技术，该成果于 2004 年获"国家科技进步二等奖"。

彩绘跪射俑出土原状

牵马骑兵俑

骑士的马就站在其身边。马头方目圆、耳若削竹、胸肌饱满、四肢强壮有力，为方便作战，马尾还特意编成辫子。

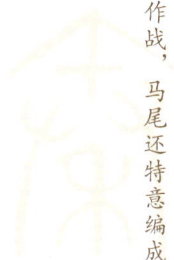

该俑头戴圆形介帻，有带扣结于颔下，额上发向后突六道棱，身穿齐膝长襦，外穿无披膊铠甲，腰间束带，长襦下摆有竖折纹，下穿长裤，足蹬单梁短靴，整个装束轻便灵活。双臂自然下垂，左手半握作提弓状，右手牵拉马缰，神情机智果断。

秦国骑兵的出现，早于当时其他的诸侯国，约在秦穆公时期（前695—前621），史书记载说当时已有"畴骑五千"。在秦统一战争中，秦国骑兵以其轻捷、迅速、勇猛而成为当时秦军中一支重要力量。该俑体现了秦代骑士神勇英武的精神风貌，古代兵书《六韬》中对武骑士的要求是：年龄40岁以下，身高1.72米以上，身体强壮，行动敏捷，武艺超群，能够骑马穿越沟池，完成断敌后路、阻敌扰敌的战术任务。其身材特征完全符合这些要求。

牵马骑兵俑

1976年出土于秦兵马俑二号坑
俑高1.8米；马高1.7米，长2米，重约200千克
现藏秦始皇帝陵博物院

骑兵俑

　　骑士的马就站在其身边。马头方目圆、耳若削竹、胸肌饱满、四肢强壮有力，为方便作战，马尾还特意编成辫子。马在战场上动若疾风、快如闪电。骑兵在马上，居高临下，手持强弓硬弩，步兵又怎么能够抵挡？因此，我们说骑兵不但是冷兵器时代最有战斗力的部队，而且还是战场上打破僵局、克敌制胜的关键。

　　秦俑坑中出土的陶马是中外艺术史上的大型陶制艺术品。相马大师伯乐在《相马经》中指出，骏马要头方、目明、背平、胸厚、腿长。我们再看这匹陶马，马头方正，目似悬铃，胸部宽阔，腹背壮实，前腿如柱，后腿如弓，完全符合良马的要求。马的眼皮、鼻翼、上下嘴唇，工匠都用阴线细细描绘，甚至连不引人注意的牙齿，也塑成四至六颗，表明马正处于青壮年时期。

秦马体力特别好，好到什么程度呢？史书上很形象地记载："探前蹶后"。探前就是前蹄子往前一拨，蹶后就是后蹄子往后一蹬，书上说"探前蹶后，蹄间二寻者不可胜数也"，就是马一纵跳起来，前蹄子和后蹄子之间的距离是一丈六，据说在秦国能达到这个标准的马多得无法数清楚。

据推算，三座兵马俑坑全部发掘完毕，可出土陶马600多匹，分为驾驭战车的马和骑兵乘坐的马两种。其中驾车马仅配挽具，没有鞍鞯，马尾束缚成结，防止与缰绳、辔绳缠绕在一起；骑兵鞍马则配有马鞍，马尾编结垂落。相对于陶俑，陶马体重更大，身体全部重量都要由四条腿来承担，这对制作时泥胎成形、窑温火候，乃至搬运摆放都提出了更高的要求。

御手俑

五十一 技术娴熟的御者

御手俑身上铠甲的甲片较小，且前胸和后背比一般武士俑各多出四排甲片，说明御手俑的地位要高于一般士卒。

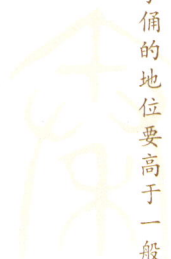

　　御手是在战斗中负责驾驭战车的士兵，其职责是保护车马进退得宜，安全奔驰，并在主帅受伤时替其执掌指挥工具金和鼓。

　　第一件御手俑头绾扁髻，戴长冠，冠上有带系结于颔下，带尾垂于胸前。御手俑的甲衣比较特殊，双臂的护甲（古名披膊）长及手腕，手上罩有护手甲，胫部围有护甲（古名盆领）。这种甲衣实属罕见。古代战车上的御手站在车上控驭车马，目标大且容易受到敌人箭镞的伤害。御手一旦受伤则车易失控，造成军队混乱而致战败，所以特别注重对御手的防护。御手俑双臂前伸，双手半握拳，呈揽辔驾车的姿势。

俑一

俑二

御手俑

出土于秦兵马俑二号坑
俑一高1.89米，俑二高1.86米
现藏秦始皇帝陵博物院

御手俑—局部

　　秦兵马俑坑出土木质战车百余乘，在每乘战车上都有一位驾车的御手俑。它们头戴长冠，身穿长襦，外披铠甲，两臂向前平伸，双手半握拳，牵拉着辔绳，全神贯注地驾车。御手俑身上铠甲的甲片较小，且前胸和后背比一般武士俑各多出四排甲片，说明御手俑的地位要高于一般士卒。

第二件御手俑头绾扁髻，戴长冠，冠上有带系结于颔下。上身穿齐膝长襦，外披铠甲，双肩无护甲，胫部有护腿，足蹬方口翘尖履。双臂向前半举，双手作揽辔状。身体微微前倾，目光注视前方的双手方向，神情专注认真。

御手俑—彩绘复原图

1999：1号俑

陶俑通体饰有白色彩绘，在肩部、左腹、手部及腰部均残留白色彩绘痕迹，裙部以黑色颜料堆绘平铺排列的云纹和太阳纹饰。

1号俑头部缺失，上身赤裸，身材匀称，腹部微微隆起，双脚分开站立，右手握住左腕置于腹前。通体造型纤细瘦削，腿部粗大，与消瘦的上身形成鲜明的对比。从体型姿态分析，这件俑应该是在做表演前的准备动作。

陶俑左上臂外侧有一个竖椭圆形孔穿至陶俑躯干内，孔的外部以同样大小的陶片覆盖。在椭圆形穿孔的下部，竖刻有"咸阳亲"三字陶文，其中"咸阳"为地名，"亲"为工匠名。陶文字迹规整，笔画清晰。陶俑下身着喇叭状短裙，裙中部起折，下摆外张。系有2厘米宽的腰带，腰带带花系结于陶俑后部，裙的开合口位于前部，左片压右片，左腰带下有一组几何纹饰。陶俑通体饰有白色彩绘，在肩部、左腹、手部及腰部均残留白色彩绘痕迹，裙部以黑色颜料堆绘平铺排列的云纹和太阳纹饰。

1999：1号俑

1999年出土于秦始皇帝陵封土东南9901陪葬坑

残高1.52米，肩宽0.39米，腰径0.26米

现藏秦始皇帝陵博物院

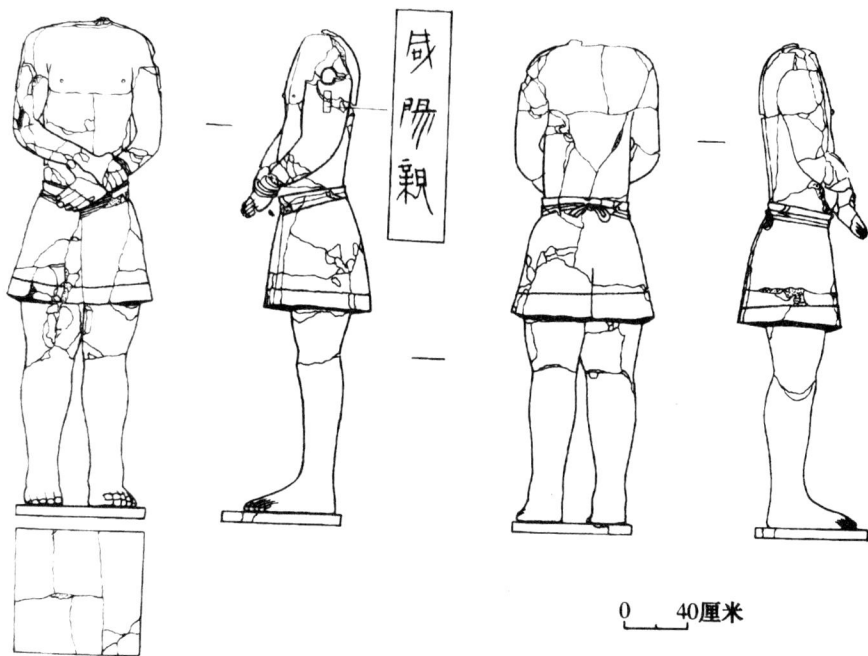

咸阳親

0 40厘米

1999：1号俑墨线图

1999 年 5 月，考古工作者在秦始皇帝陵东南方向的内城之间，发掘了一个东西长 40 余米，南北宽 15 米，面积为 700 平方米的陪葬坑。经试掘，出土了一批形象不同于兵马俑且罕见的陶俑。它们大多数上身赤裸，只穿彩色小短裙，手势姿态各不相同，已出土陶俑近 30 件，修复完成 20 余件。这些造型奇特的陶俑，从其装束和姿态看，都是秦陵地区从未出现过的一种新的形象。这一重大发现表明，秦人在奋不顾身的刚勇之外，有着多姿多彩的生活内容，还有着追求美好生活的理想情趣。

　　根据文献的记载与陶俑生动的形象推测，它们很可能是为宫廷表演举鼎、持杆、摔跤等娱乐活动的百戏艺人，是表演舞蹈杂技供帝王休闲娱乐的人员，属于百戏俑。在同一地方还出土了一尊大铜鼎，无盖。出土陶俑及铜鼎生动地反映了秦代娱乐文化的一部分。

　　所谓百戏，是指古代的散乐杂技，包括扛鼎、角力、俳优等，这些娱乐活动兴起于春秋战国，盛行于秦汉，包括各种杂技、幻术、戏剧、乐舞等。据记载，秦始皇收六国乐舞于都城咸阳，于是咸阳就成为一大文化交流中心，也成为百戏的表演中心。秦咸阳宫出土的壁画中如实反映了宫廷宴会上百戏表演的节目，其中有一幅壁画表现的就是缘竿之戏。壁画出土于秦都咸阳第三号宫殿遗址，在东壁第五间下半部的画面上。所谓缘竿之戏，就是爬竹竿。秦宫廷中一定会经常表演这类杂技节目，所以，秦始皇才会在死后把这种娱乐项目照搬到陵墓中，供其继续欣赏。

1999：2号俑

该俑右臂弯曲呈90度上举，食指上指，指尖顶端有一小孔，似在表演杂技中的旋盘。

2号俑为9901陪葬坑出土的百戏俑。身材修长，表情严肃，头发在前部中分，在脑后绾成圆髻。上身赤裸，下穿彩色短裙，腰束革带。上身直立，右腿后屈，脚尖点地，左臂和左腿均残缺，右臂弯曲呈90度上举，食指上指，指尖顶端有一小孔，似在表演杂技中的旋盘。

从目前已修复的6件百戏俑看，该类俑上身赤裸，下着短裙，肌肉饱满，孔武有力，透出一股股勇者、健者的强烈生命气息。俑的类型有扛鼎俑、寻橦（利用长杆表演惊险动作）俑、旋盘（杂技中的转碟）俑、角抵（角力）俑及轻工技巧型俑等。

1999：2号俑

1999年出土于秦始皇帝陵封土东南9901陪葬坑
高1.8米
现藏秦始皇帝陵博物院

2012：4号俑

陶俑裙部的彩绘几何图案，大多采用堆绘法，绘出菱形纹、折枝花朵纹、云纹等，形成条带状或平铺图案。

　　4号俑头部缺失，右手和左臂大部分残缺。站姿，身体稍向左侧扭转，双腿略呈小弓步，左手臂上举，右臂搭于胸前。上身着衣，下身着裳，赤脚。上衣为立领，对襟，后开，右衣襟压左衣襟，衣服下摆、门襟、袖口均包边，上衣中下部系一条细腰带，在右侧后部打花结。腰带上有几何形花纹，花纹间用朱红、白色和黑色填补，外围用线条加以分隔，立体感极强。衣服前后身、两袖上均装饰有直径3厘米的圆形泡饰。下身裳为上小下大的圆桶状，有腰带，但被上衣下摆遮挡，只露出带结。裳的后侧下部有戳印文字，前一字为"宫"，后一字残缺，但从轮廓可以判断其为"藏"字，应是制作者的名字。

陶俑身上的彩绘颜色有粉紫、白色、黑色、黄色等，其中白色和黑色最多。陶俑施色方法是：首先在陶俑身上涂一层白色作底，然后再在底色上敷彩。陶俑裙部的彩绘几何图案，大多采用堆绘法，绘出菱形纹、折枝花朵纹、云纹等，形成条带状或平铺图案。这些几何图案均取材于当时所着衣物的织物图案，其中菱形纹样所占比例较大，其次是矩形纹、圆点纹及其他不规则的几何纹。陶俑服饰上的图案花纹，在构图上注重均匀对称，在花纹的组与组之间以适当的纹样填补，使得整个画面结构紧凑和谐，丰富饱满。

2012: 4号俑

2012年出土于秦始皇帝陵封土东南9901陪葬坑
残高1.57米
现藏秦始皇帝陵博物院

2012：28号俑

该俑是秦代陶俑的一个新类别，形象展示了秦代丰富多彩的杂技世界。

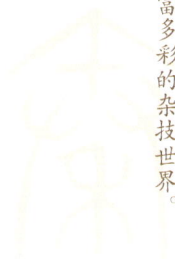

28号俑为百戏俑，双膝着地，两脚收于臀部下，两臂向后舒展，作仰卧状。该俑上半身基本完整，下半身残破严重。修复中首先依据陶俑形状制作支架，测量确定其关键支撑点。然后先拼对下半身小块陶片，再对上半身整体进行拼对。文物修复师历时九个月才完成拼对修复保护工作。

所谓百戏，就是古代杂技乐舞表演的总称，包括扛鼎、寻橦、角力等杂技表演和俳优、幻术、戏剧、乐舞等娱乐活动。杂技表演不仅需要力量和技巧，更需要演员之间的默契配合，这样才能完成一系列惊险刺激的动作。这些娱乐活动兴起于春秋战国，盛行于秦汉时期。秦统一后，秦始皇收六国乐舞于都城咸阳，使该地成为百戏乐舞等活动的交流中心。在秦咸阳宫出土的一幅壁画中，表现的就是缘竿之戏，可见百戏已经成为秦宫廷的娱乐方式之一，所以秦始皇才命令秦代工匠塑造这一批百戏俑。

百戏俑是秦代陶俑的一个新类别，形象展示了秦代丰富多彩的杂技世界。《东周列国志》记载："秦俗，农事毕，国中纵倡乐三日"。说明秦人喜好乐舞的习俗由来已久。

2012：28 号俑

2012年出土于秦始皇帝陵封土东南9901陪葬坑
身长（从手掌到膝部）1.54米
现藏秦始皇帝陵博物院

五十六 弹奏乐器的艺人

乐舞俑

箕踞姿俑双臂向前伸出，置于小腿上，左手手心向上，右手手心向下，双手作弹拨乐器的姿势。

　　秦始皇陵0007陪葬坑面积925平方米，坑内出土原大青铜水禽类动物46件，陶俑15件，其中箕踞姿俑8件，跪姿俑7件。两种陶俑装束相同，均将发髻梳在脑后，头上戴覆钵形软帽，上身穿单层交领右衽长襦，腰束革带，右胯革带上挂有长方形小扁囊，下身穿长裤，脚穿布袜，未穿鞋，表示该类俑是正在表演的乐舞艺人，即乐舞俑。

　　箕踞姿俑双臂向前伸出，置于小腿上，左手手心向上，右手手心向下，双手作弹拨乐器的姿势。双腿并列向前平伸，身体微微前倾，头略低，双目下视，神情专注。该俑手脚的造型十分逼真，脸及手部施白色彩绘。研究者将该俑命名为"箕踞姿俑"。箕踞就是两腿前伸，双膝微屈坐着，坐姿形状像箕。

跪姿俑

箕踞姿俑

乐舞俑

2000年出土于秦始皇帝陵外城垣东北角900米处0007陪葬坑

箕踞姿俑高0.86米，肩宽0.385米，上臂长0.62米，脚长0.2米，脚宽0.1米

跪姿俑残高1.1米，上举的右手距膝部1.18米，肩宽0.325米

现藏秦始皇帝陵博物院

跪姿俑背部

　　跪姿俑为瓜子形脸，头微微低下，目光下视，身材匀称，五官端正，面目祥和平静。该俑上身直挺，左臂自然下垂，左手指并拢伸向下方，右臂上举至眉部，肘部微屈，拇指上翘指向后方，其余四指作半握状，推测其右手应拿着一个棱角分明的方形或长方形物品。双膝跪地，左膝稍前，双足尖着地，脚穿布袜，双唇紧闭，神情专注。

相传秦以前就尝试用音乐训练动物，尤其是驯化通人性的禽类动物。秦穆公时期，有一位善吹箫的乐人名叫萧史，箫声悠扬动听，连天鹅都会闻箫声飞来，并随着箫声列队起舞。因此，0007号陪葬坑不是简单模仿养鸭子或养天鹅的场景，而是用音乐、歌舞和水禽模仿宫廷里的一些乐舞场所。

秦始皇统一六国后，听说东海有蓬莱、方丈、瀛洲三神山，于是派方士徐福带三千童男童女赴东海求长生不死之药。秦始皇陵0007陪葬坑，就是为了祈福，祈寿，求祥瑞。坑内有仙鹤、天鹅等瑞禽，还有乐人奏仙乐、唱仙歌，其乐融融。缥缈的仙界高居天宇，不灭的灵魂周游其中。两千多年前人们编织的天国梦想，已经永远凝固在这里。从跪姿俑的姿势和动作分析，该俑应该是正在敲击钟、鼓类的乐器。

五十七

祈福求祥的瑞禽

青铜水禽

众多的水禽，或低头觅食，或追逐嬉戏，姿态各异，栩栩如生。

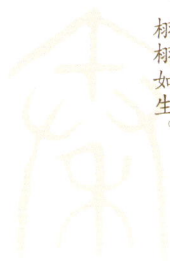

　　青铜水禽类文物之前从未在秦始皇陵及其他地区的秦代考古中发现，非常珍贵。从地理位置分析，0007陪葬坑地处秦始皇陵园外城以外区域，属于地下坑道式土木结构建筑，在坑道过洞两侧以夯土筑成放置器物的平台，先用方木铺垫，再用箱板作隔挡，顶部用双层棚木封闭。青铜水禽均位于坑底两侧的垫木平台上，斜向成行排列。两侧垫木平台中间有一条长长的槽沟，象征着潺潺流动的河水。众多的水禽，或低头觅食，或追逐嬉戏，姿态各异，栩栩如生。

　　0007陪葬坑内共出土原大青铜水禽类文物46件，其中天鹅20件，仙鹤6件，鸿雁20件，分为立姿和卧姿两种姿势。立姿水禽脚下都有踏板，爪趾与踏板塑成一体。所有水禽的头部均朝向象征性的河道，以大小分组，按区域排列整齐。

立姿鸿雁

卧姿鸿雁

青铜鸿雁

2000年出土于秦始皇帝陵东北角0007陪葬坑
立姿鸿雁体长0.48米，高0.4米；卧姿鸿雁体长0.48米，高0.25米
现藏秦始皇帝陵博物院

　　青铜鸿雁20件，其中立姿4件，卧姿16件。雁体肥圆，比例匀称。立姿鸿

雁双腿粗壮，一前一后正缓步行走，头从左侧转向后方，嘴微微张开作发声状。

卧姿鸿雁头部上昂，与颈部呈"S"形。

青铜天鹅

2000年出土于秦始皇帝陵东北角0007陪葬坑
平均体长0.576米，身高0.275~0.475米
现藏秦始皇帝陵博物院

青铜天鹅有立姿和卧姿两种姿势。立姿天鹅站在长方形青铜踏板上。卧姿天鹅脖颈弯曲，嘴巴向上或向前伸长作觅食状。目前已修复14件，均为卧姿。

青铜仙鹤出土 6 件，均为立姿。这只仙鹤站在对角的镂空云纹踏板上，双爪一前一后，曲颈向下觅食，造型生动形象。仔细看，它的嘴里还衔着一只小虫子，表现了仙鹤从水中觅食的瞬间形态。另外一件立姿仙鹤,脖颈细长,回首凝视后方,姿态优美，实属罕见。

　　青铜的发明是人类文明史上的重大事件，0007 陪葬坑原大青铜水禽类文物的出土，刷新了人们对秦代青铜文明的认识，为了解和研究当时的青铜铸造技术提供了珍贵资料，对全面评价秦始皇帝陵的文化内涵具有重大学术价值。

青铜仙鹤

圉人俑

忠于职守的马厩管理者

这件圉人俑头绾扁髻，戴板状长冠，身着长襦，下穿长裤，着护腿，足蹬齐头方口履，双手插于衣袖之中置于腹前。

圉（yǔ）人是养马的官员。秦人与马有着不解之缘，因而对马有特殊的感情。在秦始皇帝陵园内发现以真马殉葬的马厩坑有两处。一处位于秦始皇帝陵西侧内外城垣之间的马厩坑，该坑发现陶俑 11 尊及马骨架 10 余具。11 尊陶俑分为两类，一类是手持兵器的武士俑，其职责是负责厩苑的保卫工作；另一类是头戴长冠，有一定爵位的饲养马匹的工作人员，地位相当于圉师。另外一处位于外城垣东侧的上焦村，该处有马厩坑 90 余座。在 37 座试掘坑内发现跽坐俑 9 件，马骨架 34 具及随葬物。陶俑眉清目秀，神情恭谨，是饲养马匹的仆役，即圉人。从出土物分析，这两处马厩坑是秦代宫廷养马的厩苑。

这件圉人俑头绾扁髻，戴板状长冠，身着长襦，下穿长裤，着护腿，足蹬齐头方口履，双手插于衣袖之中置于腹前。该俑的装束与兵马俑坑中的中下级军吏俑相同，说明其是有一定级别的小官吏。

199

圉人俑

五十九 低眉颔首的养马人

跽坐俑

第三件跽坐俑目光微微下视，表情庄重严肃，好像正在认真小心地侍候那些良马。

1976 年，在秦始皇陵东侧上焦村发现 90 多座马厩坑。陪葬坑南北排列，密集有序，分为马坑、俑坑和俑马同坑三种类型。在俑坑和俑马同坑中出土跽坐陶俑 9 件，陶俑面向东坐，脸部和手上涂着粉红色颜料，衣袍上有绿色或红色的颜料，有的唇上还有胡须。陶俑面前有陶盆、陶罐等。有的陶俑与马同坑，说明跽坐俑是掌管马厩和饲养马匹的人员。陶盆、陶罐是饲养珍兽的用具。

1977 年，在秦始皇陵西侧内外城垣之间发现陪葬坑 31 座，其中跽坐俑坑 14 座，珍禽异兽坑 17 座。1978 年，对其中 4 座坑进行试掘，出土跽坐俑 2 件，均面朝东，衣着、表情和姿势与上焦村马厩坑出土的俑相同。

目前在秦始皇陵出土并修复完整的跽坐俑高 66~72 厘米，手势有三种：第一种是两臂自然下垂，半握拳，双手仅露五指置于膝上；第二种是两臂自然下垂，半握拳置于膝上；第三种是双手拱于衣袖内，放置在双腿上。

俑一

俑二

俑三

俑四

跽坐俑

出土于秦始皇帝陵东侧马厩坑

俑一高0.68米，俑二高0.68米，俑三高0.69米，俑四高0.72米

现藏秦始皇帝陵博物院

第一件跽坐俑身着右衽交襟长袍，脑后梳圆形发髻，两臂自然下垂，半握拳，双手仅露五指置于膝上。跽坐俑身躯的塑造，手法简洁，无过多的虚饰。头部的塑造尤其精致，唇上有髭须，面容清秀，面颊丰满，稚气未脱，目光微微下视，神态恭谨肃穆，个性特征十分鲜明。

第二件跽坐俑身着右衽交襟长襦，脑后梳圆形发髻。两臂自然下垂，双手在衣袖内合拢后置于双腿上。唇上有髭须，目光微微向下，面容清秀，神态恭敬，表情恭谨严肃。

第三件跽坐俑脑后绾圆髻，圆脸庞，表情安详。身穿交领长襦，宽肩宽袖，背部有彩绘，双腿跪地，双臂前伸，双手半握拳置于两膝上，手腕及双拳均露在袖口外。双膝着地，臀部压在小腿上。目光微微下视，表情庄重严肃，好像正在认真小心地侍候那些良马。

该俑出土时，面前还放有陶罐、陶灯、铁锸（chā）、铁镰等工具。陶罐、陶盆上发现有"大厩""中厩""宫厩"等字样，这些名称在湖北云梦睡虎地秦墓出土的竹简《厩苑律》中也有记载，由此可知这些陪葬坑是秦厩苑的象征，跽坐俑的身份是饲养马的仆役。这一发现为研究秦代马政提供了有力证据。

第四件跽坐俑身穿双侧交领右衽长襦，头发中分，在脑后绾成圆髻，两臂自然下垂，双手半握拳置于膝上，双手仅有手指露在袖口外。面容清秀，低眉颔首，双目下视，恭敬肃穆。

秦始皇陵根据"事死如事生"的理念，一切陪葬物都模拟生前，因而把原来宫廷厩苑的大批活马杀死或活埋于地下，制作和真人一样的陶俑作为饲养马的人员，并配置大量饲养马使用的器具，如陶盆、陶罐、陶灯、铁斧等。秦始皇陵跽坐俑坑的发现，说明地上的苑囿（yòu）被模拟到地下，以供逝者的灵魂游猎观赏。

六十 文官俑

敦厚儒雅的官吏

陶俑身姿挺拔健硕，留三滴水形胡须，目光平视，表情恭谨，端庄儒雅。

秦始皇陵 0006 陪葬坑是 2000 年考古勘探中发现的一座陪葬坑，位于秦始皇陵墓封土西南。0006 是考古编号，"00"是指 2000 年，"06"是指第 6 座陪葬坑。

0006 陪葬坑共出土 12 尊陶俑，按照发掘清理顺序依次编为 1～12 号。12 尊俑中有 8 尊袖手俑，4 尊御手俑。除 1 尊袖手俑面西站立之外，其余 11 尊均面北朝向封土方向站立。8 尊袖手俑的共同特征是头戴长冠，冠带系于颌下，带尾系成蝴蝶结。身穿长襦，腰束革带，下身着长裤，脚穿齐头方口浅履。

0006：9 号俑头戴双板长冠，冠带系于颌下，带尾呈蝴蝶形翻飞。上身穿双层交领右衽齐膝长襦，衣襟交掩于背后，腰束革带，右侧腰间贴塑悬挂状的削和砥石。下穿长裤，足蹬齐头方口浅履，袖手站在长方形踏板上。左臂与躯干间有一椭圆形孔，留三滴水形胡须。身材匀称，目光前视，表情平和，面部残留粉红色彩绘。

0006：9号俑   0006：10号俑

文官俑

2000年出土于秦始皇帝陵封土西南0006陪葬坑

0006：9号俑高1.84米，肩宽0.44米；0006：10号俑高1.89米，肩宽0.47米

现藏秦始皇帝陵博物院

0006:10号俑头戴双板长冠，上身穿单层交领右衽齐膝长襦，衣襟交掩于背后，腰束革带，左臂与躯干间有一斜向的椭圆形孔，右侧腰间贴塑悬挂状的削和砥石。下穿长裤，腿缚护腿，足蹬齐头方口浅履，袖手站在长方形踏板上。陶俑身姿挺拔健硕，留三滴水形胡须，目光平视，表情恭谨，端庄儒雅。

秦代的字是写在竹片上的，如果写错了，就用"削"刮掉后重写。砥石是用来磨刀的器物。从陶俑的装束看，该类俑应该属于秦朝中央官署的文职人员，且有一定爵位。

0006：10号俑背部

陶俑右腰间的削和砥石

夔纹半瓦当

六十一 恢宏秦宫殿的印记

这件瓦当呈大半圆形，表面饰粗绳纹，内饰麻点纹，当面周围有突起的边轮，内饰夔纹一组。

秦始皇陵园内出土大量瓦当，数量已达数百件，基本都是圆瓦当，半瓦当很少。第一件夔纹半瓦当，是非常难得的精品，是恢宏秦宫殿的印记。

这件瓦当呈大半圆形，表面饰粗绳纹，内饰麻点纹，当面周围有突起的边轮，内饰夔纹一组。这组夔纹由左右两半互相均衡对称的夔龙盘曲组成。每半有夔龙两条，一上一下。上部夔龙的龙首向内侧折转回顾，身体上翘，尾部勾卷，首尾呼应。左右两半龙体的构图相同，但方向相反，互相辉映，构成一组和谐、绚丽的画面。纹样是浅浮雕的，阴阳分明，线条遒劲流畅，立体感很强。

陕西不仅是目前确知时代最早的瓦当出土地，而且也是先秦时期瓦当发现数量和品种较多的地区之一。在凤翔秦雍城遗址、阎良秦栎阳遗址、咸阳秦宫殿遗址中，都出土了大量瓦当。秦始皇陵出土的云纹、植物纹、动物纹、几何纹等十多种纹饰的瓦当，美观实用，是研究中国艺术史的宝贵资料。秦统一后，动物纹和植物纹瓦当逐渐取代云纹瓦当，成为瓦当纹饰的主流。

瓦当一　　　　　　　　　　　　　　　　　　瓦当二

夔纹半瓦当

瓦当一出土于秦始皇陵园；面径0.61米，高0.48米，边轮宽0.018米；现藏秦始皇帝陵博物院

瓦当二出土于秦平阳宫遗址；直径0.783米，高0.53米，边轮宽0.019米；现藏眉县博物馆

　　大半圆形瓦当，主要用于大型宫殿或礼制建筑，除秦始皇陵便殿遗址出土外，在河北秦皇岛金山嘴遗址、辽宁绥中石碑地秦始皇行宫遗址、陕西兴平秦宫殿遗址均有出土。

　　第二件夔纹半瓦当，当面饰浮雕夔龙凤纹一对，左右对称，图案整体线条比较宽而粗，凤鸟躯体上以细棱勾勒出简单的羽毛状图案。

秦俑坑中的钟与鼓

T10方五过洞战车上的铜甬钟，钲间饰蟠螭纹，内壁光素。甬中部有弦纹一道。旋作半环形用以悬挂。

在秦兵马俑坑的勘探发掘中，已发现鼓的遗迹有7处，均在一号兵马俑坑的指挥车上，其中第一次考古发掘出土2处，第二次考古发掘出土3处，第三次考古发掘出土2处。第三次发掘的战鼓遗迹，鼓壁残高23厘米，鼓面直径61厘米，等距离分布着3个铜环。

鼓均为扁圆形，外径70厘米，鼓面径53~55厘米，高9~12厘米。鼓壁作圆弧形，周长215.5厘米，壁为木质，已朽，壁外侧髹（xiū）漆并绘有彩色花纹，并置有3个等距离的带柄铜环，有的环内系有皮条状的带子，以便悬挂。鼓面为皮质并绘彩，已腐朽。鼓壁周边有密集的细小钉孔，是竹钉把鼓面的皮革固着于鼓腔上而留下的。在一鼓迹的附近发现木质鼓槌一件，前端呈椭圆球形，通长68厘米，其中柄长60厘米。通体髹漆。鼓槌，古名曰枹。《说文·木部》曰："枹，击鼓杖也。"《左传·成公二年》记载，张侯"右援枹而鼓"。

在一号兵马俑坑战车的附近出土铜甬钟3件，形制和纹饰相同。T10方五过洞战车上的铜甬钟，钲间饰蟠螭纹，内壁光素。甬中部有弦纹一道。旋作半环形用以悬挂。

战鼓遗迹

一号俑坑内的鼓和甬钟出土时已脱离原位，应位于车舆的右前侧。鼓、钟原来是如何悬挂的，悬挂在什么位置，目前已无法确知。古代作战时由军吏掌握金、鼓，而军吏在指挥车上所处的位置有居中、居左两种不同的情况。这样看来，金、鼓的悬挂位置必然要在车的中部偏前或左部偏前处才便于军吏掌控。俑坑的车上不见鼓架，只能将鼓悬挂于轼与前轮之间，钟悬于轼上，才便于敲击。这仅仅是推测，是否如此，尚待俑坑新的考古资料予以验证。

金、鼓和旌旗是军队的耳目。秦兵马俑坑内仅发现有鼓和钟，尚未见到旌旗的遗迹。《管子·兵法》篇，把金、鼓、旗称为三官："一曰鼓，鼓所以任也，所以起也，所以进也。二曰金，金所以坐也，所以退也，所以免也。三曰旗，旗所以立兵也，所以利兵也，所以偃兵也。此所谓三官。"《尉缭子·勒卒令》说："金鼓令旗四者各有法。鼓之则进，重鼓则击；金之则止，重金则退；铃，传令也；旗麾之左则左，麾之右则右。"秦兵马俑坑是秦国真实军队的缩影，金、鼓、旌旗等指挥系统应该齐备，相信随着秦兵马俑考古发掘工作的进展，会有更多新的发现。

铜甬钟

出土于秦兵马俑一号坑

通高0.27米，甬长0.1米，钲高0.105米，鼓间0.1米，舞部长0.1米，宽0.08米

现藏秦始皇帝陵博物院

两千多年前训练有素的秦军战士，就是听着金鼓的声音大小和节奏快慢在战场上英勇作战。击鼓表示前进，二次击鼓表示快速冲击，鸣金表示收兵，二次鸣金表示后退。军吏按照旌旗的指示变换击鼓的节奏，士兵根据钟鼓节奏或前进或后退，步调一致，统一行动。

铜甬钟出土原状

秦俑坑中的剑、铍与箭镞

青铜箭镞由镞首和镞铤两部分组成，首、铤的重量相等。镞首呈三棱锥形，铤断面呈圆形。

秦兵马俑一号坑中出土青铜剑22把，均为实用武器，多数剑长度超过90厘米。研究表明，这些青铜兵器均为铸件，再经过锉磨、抛光等工序制成。从其精密度推测，当时有可能已采用简单的机具加工，而非单纯手工锉磨。青铜剑剑身光洁平整，组织细密。

青铜剑由剑身、剑格和剑茎三部分组成。两面起脊，四纵四锷，中脊较厚，截面似菱形。剑身和剑茎一次铸成，剑身表面呈青黑色，光亮平整，近剑锋处有一段束腰，穿刺性强。剑是近身格斗武器，首要功能是刺杀敌人，穿透对方的铠甲，而劈、砍只是辅助功能，因此，秦国的青铜剑比其他国家长出20余厘米，在格斗中更容易刺到对方，这是秦剑加长的主要原因。

青铜剑

秦俑坑中出土的青铜剑与春秋、战国早期的剑相比，制作更为精良，显示了秦代匠师卓越的制作水平。秦代匠师已经熟练掌握适当的合金配比，使得剑既锋利无比又具有韧性。

铍（pī）是古代长兵器之一，主要功能在于刺杀，是一种起源于短剑的长柄兵器，铍曾被误作短剑。这件青铜铍上有铭文"十七年寺工敏造工寫"，格部铭文"寺工"，茎部铭文"子五九"。

铍身断面为六边形，形制像短剑，长 30~35 厘米，后端为扁形或矩形的茎，用以装柄，一般在茎的近端处开有圆孔，以便穿钉固定在长柄上。后装长 3~3.5 米的积竹柄或木柄。在秦兵马俑一号坑中出土了十五年、十六年、十七年、十八年、十九年等寺工铍 16 件。铍首长度多为 35 厘米左右，茎长 12 厘米左右，铍之木柄多已腐烂残损，铍身刻有"十五年寺工"之类铭文，茎上刻有"十六"等字。"十五年"为秦始皇纪年，"寺工"是主造兵械等器物的工官，铍上最后还刻有实际生产工匠的名字。

"十七年寺工敏造工寫"铜铍

出土于秦兵马俑一号坑
通长 0.355 米，铍身长 0.24 米
现藏秦始皇帝陵博物院

"十七年寺工敏造工寫"铭文摹本

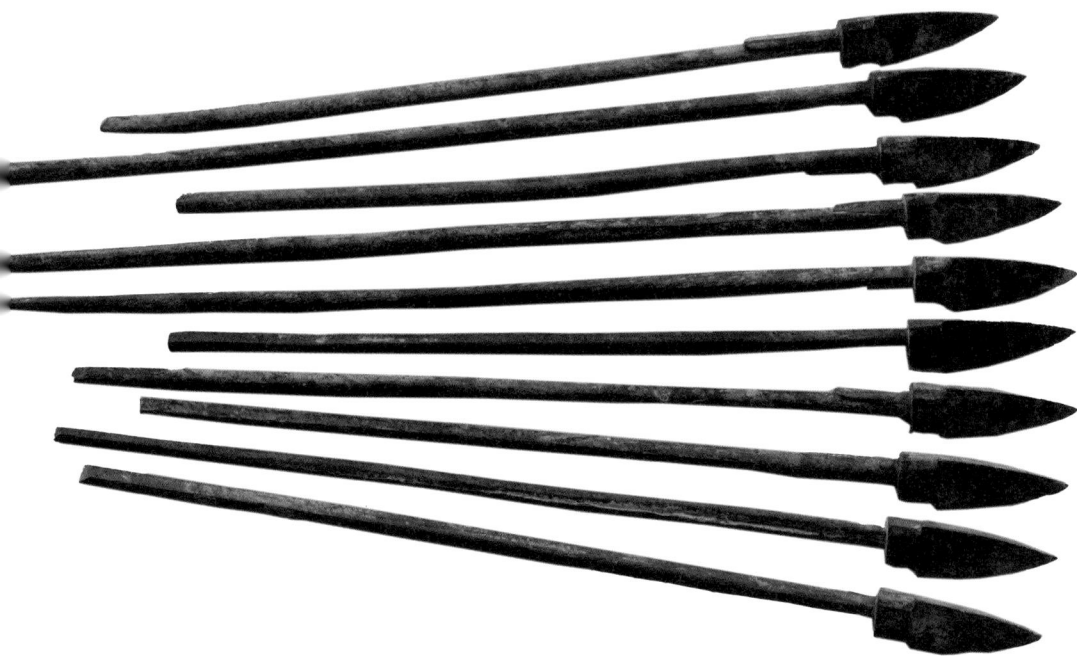

青铜箭镞

兵马俑坑出土了 4 万多支青铜箭镞（zú）。这些箭镞制作十分规整。专家对箭头进行了金相分析，发现其金属配比基本相同，数以万计的箭头都是按照相同的技术标准铸造的。

青铜箭镞由镞首和镞铤两部分组成，首、铤的重量相等。镞首呈三棱锥形，棱之间的三个面呈弧形，前端收杀聚成锐角形的尖峰，后端为平底，带有三个较小的倒刺。铤断面呈圆形，铤上缠麻丝插入箭杆内。镞首与铤接铸而成，先把铤做成预制件，浇铸镞首时把铤接铸在一起。镞首加工需要经过锉磨、抛光等工艺处理。

镞首是三棱形的，它的三个面和三个棱均被加工成抛物线形，其线条走向和现在的步枪子弹一样。每个箭头的三个弧面几乎完全相同，三棱体，流线型，这样的造型符合空气动力学原理，在飞行过程中，能减少空气阻力，保证飞行平稳且速度快、命中率高。

秦兵马俑坑出土的青铜兵器，反映了当时青铜冶炼、铸造、加工技术的发达程度。经化学分析，秦剑中铜的成分占 76.3%，锡占 21.38%，铅占 2.18%，还有微量的稀有金属，合金配比非常科学。经测量，镞首的三个面和三个棱大小相同，说明当时兵器生产已达到了标准化的程度。

半两钱及钱范

六十四 秦统一货币的物证及模具

半两钱范是用于制作秦代标准货币半两钱的模具，两半扣合严密，范首浇铸口呈漏斗状。

半两钱是中国最早的统一货币，铜铸，圆形方孔，因钱上有铭文"半两"而得名。半两钱上的"半两"是指该钱重量，即十二铢，相当于7.8克。考古工作者在临潼赵背户刑徒墓、鱼池村秦遗址、秦兵马俑坑及秦咸阳宫遗址、阿房宫遗址和芷阳宫遗址均发现有半两钱。

公元前336年，秦惠文王"初行钱"，表明秦国王室专铸货币制度确立，也就是说，秦国从惠文王二年开始由王室铸造货币，一般把这个时期使用的半两钱称为战国半两或先秦半两，是指战国中期至秦王政二十六年之间秦国铸造和通行的货币。

战国时期，各国货币的形状、大小、轻重不同，计算单位也不一致。大致有布币、刀货、圆钱和郢爰（yǐng yuán）四大系统。秦统一后，废除战国时期流通的大小、形制、重量和货值不一的庞杂的六国货币，将黄金作为上币，将半两铜钱作为下币在全国范围内通行。从此，钱币铸造由国家统一管理。

战国时期七国货币

　　秦半两是指公元前 221 年至公元前 207 年秦朝铸造并通行全国的法定货币。秦半两钱面铭文为李斯手书小篆，字体方正美观，形态比较统一，外圆内方，钱面平坦，钱体略薄，重 7.8 克。

　　为了统一币制，秦朝颁布了《金布律》，严格管理钱币铸造和流通过程，规定所有旧币无论重量大小，一律折算为一钱，其他形态的货币不再具有流通价值。历年在陕西、四川、山东、内蒙古等地考古发掘中均有半两钱出土，说明统一后的货币秦半两钱已经在各地区广泛使用。

钱范一

钱范二

半两钱范

钱范一出土于阿房宫遗址；长0.147米，宽0.08米，厚0.004米，重0.325千克

钱范二出土于芷阳宫遗址；长0.3米，宽0.1～0.102米，厚0.0175～0.02米，短柄长0.02米，重2.38千克

现藏陕西省考古研究院

秦半两钱

　　半两钱范是用于制作秦代标准货币半两钱的模具，两半扣合严密，范首浇铸口呈漏斗状。范面并列阴文钱模。钱文规整，粗细均匀。历年在西安阿房宫遗址、临潼芷阳宫遗址等地均有发现。钱范有陶质和青铜质两种，其中1959年在阿房宫遗址和1983年在临潼韩峪乡油王村芷阳宫遗址出土的青铜半两钱范最具代表。阿房宫遗址出土钱范一为铲形，喇叭形浇铸口，支槽与钱模相通，范面排列两行共6枚"半两"阴文钱模。

　　芷阳宫遗址出土钱范二近似长方形，三边基本平直，一边两角为折肩，中间有凸起的树干状浇道将其分为两部分。左右各有钱模7枚，钱模与主干之间有支干相通，面文为"半两"阳文篆书。

　　半两钱是中国货币由多元走向统一的历史见证，具有划时代的意义。在此后近2000年的历史中，中国的货币基本上一直保持这种外圆内方的形制。

秦陵的地下排水网

陶质五角形排水管，整体造型规整，质地细密坚硬，符合力学原理，能够承受重压。

　　在秦始皇陵园内出土了制作精美的瓦当、铺地砖、排水管等建筑材料，展示了秦人的艺术修养。值得注意的是，在秦陵建筑遗址内发现了多处排水管，有单排连接、三排并列，也有六排并列，组成庞大的地下排水网络，有效解决了陵园大流量的排水问题。

　　秦陵遗址发现的排水管有陶质、石质两种，形状有五角形、圆筒形等。陶质五角形排水管，整体造型规整，质地细密坚硬，横截面近似五角形，五个面的外表均饰有粗绳纹，平底，厚壁，顶部是三角形，符合力学原理，能够承受重压。在秦始皇帝陵东西两侧的内外城垣墙基下，共发现 10 处五角形排水管道。此处地势较低，说明当时的排水管是根据所处位置水量的大小配置的。

　　在秦咸阳宫遗址内，也出土了多件带拐头排水管和五角形排水管。

带拐头排水管

五角形排水管

圆筒形下水管

秦诏版

专家通过实物考证，明确了秦诏版的诏铭出自众多工匠之手，风格不一，字迹也不是标准秦小篆。

秦诏版和秦二世诏版是秦始皇和秦二世为统一度量衡而颁布的铸刻在铜版上的诏令。在陕西、甘肃、山东等地均有出土。

公元前 221 年，秦始皇为了落实统一度量衡制度，向天下颁发文告，在颁行天下的标准权量上面，均刻嵌或凿有廿六年诏书，以最为常见的秦始皇廿六年诏版为例，其辞曰："廿六年，皇帝尽并兼天下诸侯，黔首大安，立号为皇帝。乃诏丞相状、绾，法度量，则不壹，歉疑者皆明壹之。"文字的大意是：秦始皇廿六年（前 221）统一了天下，百姓安宁，立下皇帝称号，于是下诏书于丞相隗状、王绾，依法纠正度量衡器具的不一致，使有疑惑的人都明确起来，统一起来。

1961 年至 1982 年，考古工作者在秦咸阳城遗址西南部一处窖藏中，发现秦始皇廿六年诏版 4 件，秦二世元年诏版 3 件。秦诏版为长方形，四角均钻有一小孔，以便将其用钉子固定，铜质青色。其正面以秦篆凿刻而成，字体大小 0.9 厘米左右，竖 6 行，字号大小不一，全文共 40 字。

秦诏版

1961年出土于秦咸阳城遗址

长0.108米，宽0.068米，厚0.004米，重0.15千克

现藏陕西省考古研究院

秦二世诏版

1961年出土于秦咸阳城遗址
宽0.078米，高0.07米
现藏陕西省富平县文管会

人们常说的"秦诏版"一般是指"秦始皇诏版"，也称为"秦二十六年诏版"。最初的"秦始皇诏版"为李斯所书，但不可能全部都出自李斯一人之手。专家通过实物考证，明确了秦诏版的诏铭出自众多工匠之手，风格不一，字迹也不是标准秦小篆。

　　秦二世诏版，正面刻秦二世元年诏书60字，背面铸有桥形钮，钮间有穿孔，钮两侧各铸凸起回首顾尾云龙纹。诏版上刻铭曰："元年制诏，丞相斯、去疾。法度量尽始皇帝为之，皆有刻辞焉。今袭号，而刻辞不称始皇帝。其于久远也。如后嗣为之者，不称成功盛德。刻此诏，故刻左，使毋疑。"

　　这件铜诏版与山东省临朐县博物馆收藏的铜诏版在形制、纹饰及文字上完全相同，只是尺寸有差别，说明当年秦始皇和秦二世胡亥时期诏版发布的地域广泛，遍布当年战国时期齐、楚、燕、韩、赵、魏等诸国旧地，以便统一各国不一致的度量衡。

　　山东临朐，古称骈邑，西汉初年置县。20世纪80年代，临朐县文管所在七贤乡长沟村征集到一件铜诏版。该诏版为方形圆角，背面铸一桥形钮，钮两侧各铸凸起回首顾尾云龙纹，两条较大龙纹，各背靠近钮两侧，两条较小龙纹，略靠近边缘，钮上下各有一团火焰珠，四角各铸有如意祥云纹。正面文字保存完好，铸刻小篆体阳文，正书60字。诏版所铸文字是秦二世元年诏书全文，文字严肃、工整，纵成行、横无格，虽字体大小不一，但疏密相顾，错落有致。

　　从文字可以看出，秦二世胡亥在继位元年就颁布诏书，强调统一度量衡是始皇帝定下的制度，也是他的功绩，后代子孙要继续将统一度量衡这一制度推行下去。由于秦二世的诏文在秦始皇二十六年诏文之后颁布，其诏文后结尾处说"刻此诏，故刻左，使毋疑"。这是因为古代文书是自右向左读，其书写也是先右后左。所以，始皇二十六年诏文在右边，而二世诏文在左边，这就是诏文所说的"故刻左"。

秦封泥

这批秦封泥的文字内容包括秦代各级官吏及机构名称，涉及秦代官制、地理、文化等，是了解秦代政治、经济、文化制度的可靠资料。

封泥是以泥为封缄物品的辅助材料，钤盖印章后用于文件传输，以防文件被拆看。春秋末期出现，秦汉魏晋时流行，唐以后消失。

在古代，人们将公文、信件写于木牍之上，在文字表面盖上另一块木板，然后用绳索捆缚，系结处封以泥，用印章压上印文，便形成了封泥。后因纸张代替了木牍，封泥之制遂废。

清代道光初年，湮没于历史风雨中的封泥文字被发现，与甲骨文、简牍一起成为近代新兴的学术研究领域。目前已发现战国至魏晋时期的官私印封泥约 3 万件，其中保存着大量古代官制、行政地理、官印制度和秦汉封检形态及古人姓氏的原始资料。之后，封泥屡屡见于著录。20 世纪 90 年代后，在西安北郊相家巷有大量秦封泥出土。经考证，相家巷曾是秦代甘泉宫，是皇帝处理政务的地方。这批秦封泥的文字内容包括秦代各级官吏及机构名称，涉及秦代官制、地理、文化等，是了解秦代政治、经济、文化制度的可靠资料。

"右丞相印"封泥

　　西安中国书法艺术博物馆珍藏了 781 枚秦封泥，共 350 个品种，几乎包括了三公九卿的主要部门和官职，如丞相、奉常、郎中令、太仆、宗正、中尉、内史、典属国、将作少府等，其中"右丞相印""廷尉之印""少府""四川太守"等为孤品，填补了秦史研究的空白。相家巷封泥中有"丞相之印""左丞相印""右丞相印"及中央各级高官的封泥。《汉书·百官志》所记秦中央职官的 76% 可以在这批封泥中找到印证，其中三方丞相封泥是除"皇帝玺信"外，最高级别官职的封泥。《史记·秦本纪》记载，秦武王二年"初置丞相，里疾、甘茂为左右丞相"。到秦二世二年，仍旧是左右丞相并立，但以右丞相为上。因此，相家巷秦封泥，是研究秦代三公九卿制度的重要资料。

西安中国书法艺术博物馆珍藏的秦封泥中，有 102 个品种 153 枚为秦郡县名（含地名、山名），诸如咸阳、蓝田、高陵、长武、南郑、阆中、洛阳、新蔡和淮阳等郡县名，直到今天一直都在沿用。《汉书·百官公卿表》记载："少府，秦官，属官有乐府令丞。"秦始皇陵园遗址出土了乐府钟，相家巷遗址流散的秦封泥中有"乐府""乐府丞印""乐府钟官""左乐丞印""左乐寺瑟""外乐"等。乐府丞是乐府的属官。这枚"乐府丞印"封泥可证乐府在秦代已经存在，隶属少府管辖。

这批封泥还有一些种类，如"麋圈"封泥。麋圈是秦皇家园囿上林苑中专门放养麋鹿的动物园。史书记载，当年秦始皇曾想扩建这个动物园，后来一个名叫旃的侏儒演员讽刺秦始皇说："陛下应该在麋圈中多放些野兽，等敌人从东方入侵，我们让麋鹿用角顶敌人就足够了。"秦始皇知道优旃是给自己提意见，于是放弃了扩建计划。"麋圈"可以说是最早的动物园园长印。

"内史之印"封泥

"乐府丞印" 封泥

"左乐丞印" 封泥

秦陵铜车马

两辆铜车马总重量约1.3吨，总计有近7000个零部件。车上最大的零件是车篷盖，最重的是铜马。

1978 年 6 月，考古人员在秦陵封土西侧 20 米处发现了一座车马坑。1980 年 11 月至 12 月对该坑进行试掘，出土了一组两乘铜车马。

秦陵铜车马发现时，木椁已腐朽，加之坑顶的填土塌陷，将铜车马压成碎片。所幸的是，车马虽破碎严重，但零部件齐全，这为修复提供了良好条件。专家组决定采取切割法，将铜车马整体打包搬运到博物馆进行保护修复。

铜车马结构复杂，破碎严重，体量较大，零部件多，经论证确定了四步保护方案：第一，切实加强构件的抗压抗折能力，以保障修复后的铜车马能够经得起长期陈列的考验。第二，铜车马中各类部件薄厚、大小、形状不同，需要根据不同部件制定科学有效的加固方式、粘接技术、焊接工艺。第三，尽量减轻焊接温度对彩绘的伤害，保护好青铜表面的彩绘。第四，铜车马各部位大多受压变形，局部有锈蚀现象。对变形的青铜碎片矫形时，既要矫正又不能造成新的断裂。

一号铜车马

二号铜车马

秦陵铜车马

出土于秦始皇帝陵封土西侧20米处
一号铜车马重1061千克，二号铜车马重1241千克
现藏秦始皇帝陵博物院

铜车马修复工作始终遵循"以粘接为主，以焊接为辅"的原则。铜车马中较厚重结实的结构体，如车辕、车轮、车厢体、马腿等多数部件，采用销钉插接结合环氧树脂粘接，对于单薄部件、无法采用销钉插接的片状结构体，如车盖、一号车舆底等少数部件，一定要预先考虑到结构重量对连接强度的要求，尽量选择银质钎料和中高温钎焊工艺，局部采用低温锡焊作为辅助。按照这一原则，修复工作持续进行了 8 年时间，终于还原了秦始皇銮驾的风采。秦陵铜车马是根据秦始皇帝出巡车队中"五时副车"的形制，按照实用马车的 1/2 比例制作。

两辆铜车马总重量约 2.3 吨，总计有近 7000 个零部件。车上最大的零件是车篷盖，面积 2.3 平方米，最小的零件 0.5 平方厘米。最重的是铜马，有 200 多千克，最轻的是辔绳上的销钉，重量不到 1 克，所有零件设计合理，制作精致。8 匹铜马形神兼备，马头棱角分明，马的耳朵如同削过的竹子，眼睛大而有神，马背宽阔平整，马胸肌肉突起，马腿细长，马的嘴巴微微张开，马鼻周围的皱纹清晰可见，马鬃丝毫不乱，达到了"静中寓动，呼之欲出"的艺术效果。

一号铜车马结构轻便，车前架弩，车内置盾，车中有能够拆卸的伞盖。一号车伞盖出土时已碎成 316 片。支撑伞盖的是 22 根伞弓，也有不同程度的损坏。专家先将挤压变形的碎片和伞弓矫正，然后再重新焊接在一起。为了对青铜碎片进行矫形，专门制作了易于操作的手动矫形机床及适合不同弧度的夹持模具，通过改换模具和持续加压的方法，将变形残铜片逐一矫正。这种方法将传统工艺和现代科技结合起来，具有创新意义。

在修复青铜伞盖时，先用 0.5 毫米厚的不锈钢支架制作"隐形伞弓"，将其固定在原有的伞弓和伞盖之间，这样伞盖重量就不会直接压在破损的伞弓上，而是通过 22 根支架分解重力，从而起到支撑和定型的作用。"隐形伞弓"有效解决了力的承载和分解难题。"秦陵一号铜车马修复技术"项目，荣获 1997 年度"国家科学技术进步奖"二等奖。

二号铜车马舆分前后，厢大盖低，四周帷蔽，三面设纱窗通风透光，私密有度，是皇帝乘舆中用于坐乘的车。这种安车的车窗可随需要开闭，有"开之则凉，闭之则温"之誉，秦汉时期又称其为"辒辌车"。

铜车马上的车、马、御手及多数零部件用青铜铸造，车器和马饰用金银制作。为了表现马车的细部结构和鞍具的装配关系，每乘马车被分解成数百个大小不同的组件，很多组件又由众多的小构件连接组装而成。体量较大、结构复杂的单体器件多采取分步铸造的方法完成，铸造手法主要有嵌铸法、包铸法、铸焊法三种。如车轮的辐条与轮毂之间的铸接，采用嵌铸法工艺；车辕与车衡交接处呈包裹状态的缠扎带纹，采用包铸法工艺；车厢围栏铜板与舆底之间的铸接，采用铸焊法工艺。各种组合器件的组装，则采用子母扣加销钉连接、活铰连接、钮环扣接、转轴连接等多种连接方法。在制作和连接的过程中，还灵活使用锉磨、抛光、钻孔、切削、錾刻、镶嵌等工艺。

纛（dào）在古代是用毛羽做的舞具或帝王车舆上的标志性装饰。秦汉时期，纛成为天子乘舆的标志，有所谓"黄屋左纛"之制。两乘铜车马的右骖马头顶均有 1 件纛，纛由底座、柱柄和垂缨三部分组成，一号车的纛通高 22.2 厘米。底座呈半球形，中空，直径 5 厘米。柱柄立于底座顶部，柱顶端有一椭圆形铜球。球体中空，周身布满小孔，每个小孔中插装 3~4 根铜丝，从而形成垂缨。底座和柱柄表面均有菱形的彩绘纹饰，底座的纹饰间还嵌饰着金泡钉。右骖马头顶的鬃毛被绾结成蘑菇形圆髻，纛就插装在这个圆髻上。铜铸的圆髻两侧各有一个与纛座对应的圆孔，安装时将纛的半球形底座与骖马头顶的圆髻扣合，再贯入类似发簪的插销锁定。

秦陵铜马车集中展现了秦代冶金铸造技术和机械加工技术的超凡成就，是研究中国古代科技发展水平的实物资料，同时对研究帝王陵墓礼制和皇帝乘舆制度意义重大。

右骖马头顶的纛

235

乐府钟

该钟从外表看像一个大铃铛，鼻形钮，因钟钮上刻有「乐府」二字而被称为乐府钟。

乐府钟为青铜质，钲和鼓部饰有精美的错金蟠螭纹。钟壁内侧有4条调音带，带上有锉磨过的印痕，说明当年经过了校音。经过音乐家吕骥先生测音，属于C调，音质清脆悦耳，音调准确。钟钮的一侧刻有小篆字体"乐府"二字。该钟从外表看像一个大铃铛，鼻形钮，因钟钮上刻有"乐府"二字而被称为乐府钟。

乐府是秦代专门管理音乐事务的官署。上古时代，乐的作用很多。"制礼作乐"是文明社会的象征，"礼崩乐坏"是天下大乱的代名词。秦始皇陵园内出土的乐府钟，与秦的墓祭制度有关。因为陵园内设有寝殿，寝殿内祭祀时要奏乐。乐府钟便是祭祀时用的乐器之一。

乐府钟

1976年2月出土于秦始皇帝陵西内外城垣之间的飤官遗址
高0.1314米，钮高0.0386米，重0.5327千克
现藏秦始皇帝陵博物院

钟钮上的"乐府"二字

秦国地处西北，早期的乐器很简单，不过击筑、扣缶而已。秦、赵渑池之会，秦昭王在饮酒时请赵王鼓瑟，并令史官记录。蔺相如见状便以死相逼，让秦王扣缶，也记录在案。扣缶实际上是敲瓦盆，可见当时的音乐并不发达。

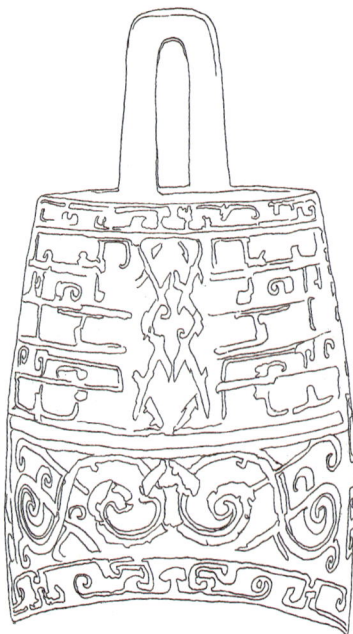

乐府钟纹饰墨线图

秦统一后，东方各国的音乐传入咸阳，乐器种类也不断增多。庙堂之乐，钟、磬必不可少。凤翔秦公一号大墓出土了石磬多枚。据说秦始皇曾铸钟 4 枚，重 12 万斤，合今 30 多吨。秦始皇陵除发现军中指挥用的钟、鼓外，还发现了乐府钟。乐府是秦代掌管宫廷音乐的官署，属官有乐府令、丞。1997 年，在西安相家巷发现"乐府丞印""左乐丞印""左乐雍钟""左乐寺（侍）瑟"等多件与负责宫廷音乐排练、演奏、整理，以及音乐艺人管理机构有关的秦封泥，进一步证实了秦代已有乐府机构。

　　近年来，考古工作者在秦人集中活动的区域宝鸡、咸阳、西安等地，均发现了音乐类文物。1978 年，在宝鸡太公庙村发现秦公钟、秦公镈，1986 年，在凤翔雍城秦公一号大墓发现多件石磬，1976 年和 1999 年，在秦始皇陵园发现乐府钟、乐舞百戏俑，说明秦人的乐舞喜好由来已久。

金银节约

七十 千姿百态的马具

古人的马具上一般会有很多带子，有的带子需要相互交叉扎绑，在扎绑时需要在两条带子交叉的位置放一种配件，就是『节约』。

　　节约在今天是节制、约束的意思。在古代则是马具上的圆形配件，和衔、镳、当卢、铜泡一样，是古代骑马御车时的必要装备，主要是作为颊带、项带、咽带、鼻带和额带的连接点，归拢收齐马的缰绳或皮条。节约套在绳带上时，犹如一个竹节连接主干枝叶一般，同时会使马具更结实耐用，常用在马辔头上作为装饰物。考古发现最早的节约是在商代晚期。

　　中国双轮马车的历史可以追溯到商朝。随着马和马车的广泛使用，各式马具也不断增多。节约作为马匹络头上皮条之间互相交叉连接的小配件，材质大多为青铜或骨质，由一个或两个空心小管组合而成，一般较为小巧，皮条可以从中穿过去，由此连为一体。这个小配件看上去并不起眼，但却非常实用。因为古人的马具上一般会有很多带子，有的带子需要相互交叉扎绑，在扎绑时需要在两条带子交叉的位置放一种配件，就是"节约"。有了节约，不但可以减少扎绑的绳节，而且使绳带更加平整，避免马匹在奔跑中被绳结或金属磨坏皮肤。有了节约，马具中的绳带就容易互相分开，达到控制马的目的。

金节约

银节约

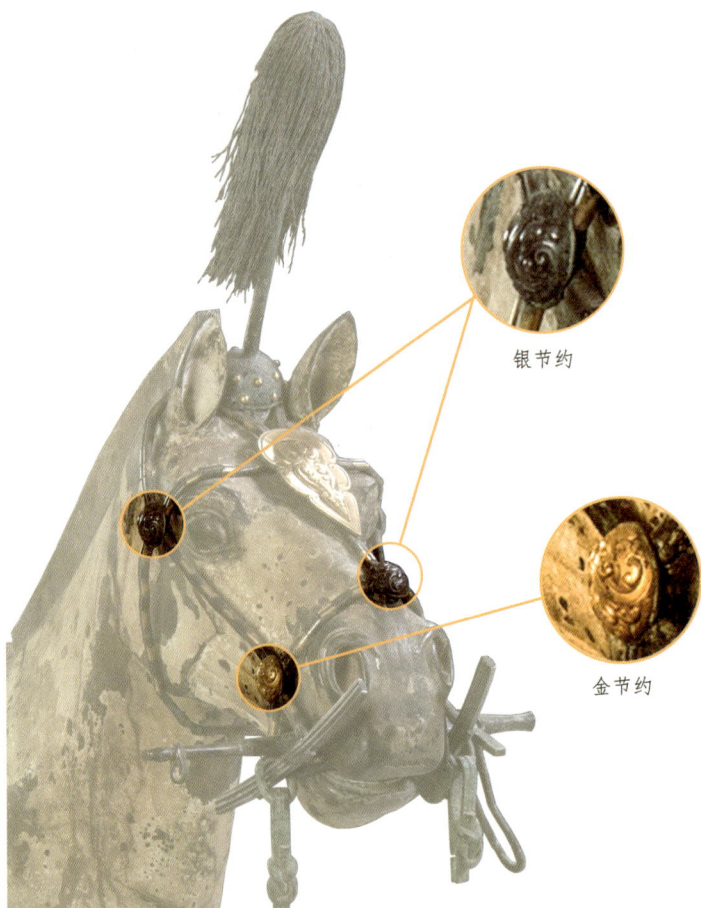

银节约

金节约

金银节约位置示意图

    考古出土物表明，节约主要流行于西周，形状有"十"字形、"一"字形、"X"形、"H"形等。在春秋战国至秦汉时期的墓葬或遗址中，也有节约出土。在战国至秦、汉时期墓葬中，水禽形和鸭首形金饰、金节约较为常见。其中间部分有时会呈凸起状，上面装饰螺旋纹、弦纹、蟠螭纹、动物纹等图案，材质也比较丰富多样，有金有银，也有合金，制作精美，纹饰华丽，是马主人尊贵身份的象征。

金节约正面连接图

金节约背面连接图

秦陵铜车马上的圆泡形金银节约,每套马勒上有5枚,均安装在勒带的交接处。其中金饰节约2枚,分别位于马口的两侧,即鼻带、颌带和颊带的交接处。银饰节约3枚,一枚位于马鼻梁上,即纵横成"丁"字形的两条鼻带的交接处;另两枚分别位于马的两颊,即颊带、额带和项带的交接处。泡形节约由两层构成,上层为半球形的金泡或银泡,下层为圆形的铜托。金银泡的表面铸有浅浮雕形的卷云纹;铜托的背面铸有3个或4个铜钮鼻,各方的勒带穿过钮鼻连接在一起。所有圆泡形金银节约的主体结构相同,但节约背面钮鼻的数量和位置有所差别。泡形节约的大小几乎一致,以右骖马勒为例,2枚金节约均高1.5厘米、直径2.7厘米,3枚银节约均高1.4厘米、直径2.7厘米。